# 돈을 쫓는 사람
# 그를 쫓는 경찰

# 돈을 쫓는 사람
# 그를 쫓는 경찰

김성수

경제지능팀 수사반장이 털어놓는 사기범죄 수사실화

**스릴 넘치는 스토리로 살려낸 범죄와 수사의 세계**

사기꾼이 노리는 것은 당신의 돈이 아닌 '욕심'

바보
BOOK

## 물질 만능 사회에 주는 수사의 교훈

현 한국사회에서 시급한 문제로 떠오른 사항은 '총체적 인간성 상실'이라 생각합니다. 물질적 번영과 융성의 이면에 도덕적 해이가 팽배해져 있다는 사실입니다. 사회적인 책임과 의무의 불이행, 윤리와 도덕의 상실, 정치권의 부정부패, 빈부의 격차에 의한 계층 간의 갈등, 개인 우선과 집단 이기주의의 팽배, 인간 소외 등이 사회혼란을 부채질하고 있습니다.

그런 카오스의 시대에 저자는 법과 질서를 수호하는 경찰관으로 근무하고 있습니다. 가족을 돌볼 틈도 없이 밤낮을 가리지 않고 국민의 생명, 신체와 재산 보호 및 공공의 안녕과 질서유지라는 특수한 의무와 임무를 수행해왔습니다. 1999년 1월에 경위 승진시험에 합격하고, 그해 3월에는 모두들 기피하는 수사과 조사계에 발령받아 소년 시절 수사반장(수사팀장)의 꿈을 성취하였습니다. 이 책은 바로 그의 경찰생활을 엿볼 수 있는 집약서라고도 할 수 있습니다.

책은 저자가 수사했던 세간의 유명한 사건 실화(實話)를 스토리형식으로 재구성하여 현장감 있고 박진감 넘치게 전개되고 있습니다. 또한 모든 사건들은 일반인들에게 경각심을 불러일으키는 교훈도 담고 있습니다. 오늘날 개인적이고 물질 만능 시대를 살아가고 있는 우리에게 꼭 필요한 지침서가 아닐까 싶습니다. 게다가 경찰관의 투철한 사명감으로 '지능범죄'를 예방하고, 일선에서 함께 뛰는 동료들과 경찰 지망생들에게 훌륭한 참고서가 되리라 봅니다.

　마지막으로 정년을 앞두고도 정열적으로 사회수호에 나서시고, 본서까지 집필하신 김성수 팀장님께 찬사와 감사를 드립니다.


– 동국대학교 불교대학원 겸임교수 윤 성 문 두손 모음

## 소년과 수사반장

'빠라빠라빰~ 빠라빠라빰~ 빠-빠-빠-빠-빰'

한적한 시골 마을의 저녁, TV에서 〈수사반장〉의 시그널이 울릴 때면 소년의 가슴도 시그널 음악과 함께 요동쳤다. TV 앞에 꼼작도 하지 않고 앉은 소년은 범인이 수사망을 요리조리 피해 다닐 때면 조급함에 손에 땀을 쥐었고, 수사관이 통쾌하게 범인을 잡을 때면 얼굴에 박꽃만 한 환한 웃음을 지었다. 아마 그때부터였을 것이다. 소년이 '수사반장'의 꿈을 갖게 된 것이.

어릴 적 소년의 꿈은 수사반장이었다. 그 일이 정확히 무슨 일을 하는지는 몰랐지만 어쨌든 나쁜 놈들을 잡고 사람들의 존경까지 받는다고 생각하면 가슴이 콩닥콩닥 뛰는 게 이만저만 신나는 게 아니었다. 그래서 소년은 늘 고민하고 또 고민했다.

'수사반장이 되기 위해서 무엇을 해야 할까?'

앳된 소년의 머리에서는 뚜렷한 방법이 떠오르지 않았다. 하지만 한 가지 중요하게 여겨지는 것은 있었다.

'TV에서 보는 수사관은 범인보다 싸움도 잘하고 달리기도 잘하니까 나도 운동을 해야겠어!'

범인보다 달리기도 못 하고 싸움도 못 해서야 어찌 수사관이라 할 수 있을까. 소년은 당장 태권도 도장을 나가기로 결심했다. 그러나 태권도를 위험한 운동으로 알고 있는 어머니가 외아들이었던 자신을 순순히 도장에 보내줄 것 같지는 않았다. 당분간 소년은 어머니에게만은 비밀로 하고 태권도를 배우기로 했다.

"어이! 어이!"

볼이 발그스레한 소년의 기합소리가 태권도장에 힘차게 울려 퍼졌다. 아직 앳된 폼에 발차기도 어설픈 아이에 불과했지만 기합소리만큼은 도장 최고였다. 소년은 마음속에 남다른 의지를 품고 진지하게 운동에 임했다. 그러다 어머니에게 들키게 되었지만 소년의 꿈을 안 부모님도 결국에는 한마음으로 지지해 주었다.

어느덧 소년이 자라 군 입대를 앞두게 되자 그는 당연히 전투경찰 순경에 지원한다. 당시 전투경찰은 조폭을 비롯한 불량배를 '삼청교육대'로 호송하는 일을 담당했는데 그곳에 가는 사람 대다수가 성질이 거칠고 온몸에 문신이 가득했다. 그들의 험악한 외모를 보면 누구라도 겁을 먹기 마련인데 소년만큼은 오히려 이상하게 짜릿함과 흥분을 느꼈다. 그것은 아마도 훗날 자신이 경찰이 되어 상대할 범인에 대한 간접적인 체험으로 여겼기 때문이었는지도 모를 일이었다.

그로부터 시간은 흘러 1984년 봄. 소년은 드디어 꿈에 그리던 경찰채용시험에 합격한다. 얼마나 기뻤던지, 내일이라도 당장 범인 검거에 나서 형사가 된 것처럼 의협심에 불타올랐다. 소년은 누구보다 열정적으로 경찰종합학교의 교육과정을 마쳤고, 그해 8월에 순경에 임용됐다. 그러나 꿈은 쉽게 이루어지는 법이 아니었다.

80년대에는 수사형사가 된다는 것이 굉장히 어려운 일이었다. 수사기법과 수사업무 등을 배울 기회가 거의 없어 누군가 이끌어 줄 선배가 없는 이상 형사과나 수사과의 문턱을 넘는 일은 쉽지 않았다. 소년 역시 그 문턱에 막혀 경찰이 된 기쁨도 잊어버렸다. 그렇게 소년의 꿈은 점점 사그라지기 시작했다.

15년 동안은 꿈을 생각할 겨를도 없이 바쁘게 지냈다. 파출소와 교통과 등의 근무지를 전전하며 분주하게 생활했다. 그러던 중 소년은 1998년 2월 강남에 새로 들어서는 경찰서 보안과에 근무하게 되었다. 1999년 1월에는 경위 승진시험에 합격하고, 그해 3월에 모두가 기피하는 수사과 조사계에 발령받았다. 이때 소년은 수사반장에 대한 꿈을 다시 떠올린다. 하지만 자기 사건을 처리하기에도 바쁜 선배들이라 소년을 도와주거나 지도해줄 수 있는 상황이 아니었다. 결국 소년은 자신의 꿈을 위해 다른 방법을 찾기에 이른다.

우여곡절 끝에 보안·수사 연구소(現 경찰수사연수원)의 조사 전문화 교육과정을 마친 소년. 꿈에 그리던 수사관이 되었으나 업무 특성상 사인 간의 재산범죄에 범위가 국한되었다. 사회정의를 실현하는 수사관이라는 소년의 꿈은 여전히 아쉬움을 남긴 채, 또다시 5년의 시간이 흘러갔다.

## 꿈에 도전한 소년의 시간

더위가 기승을 부리던 8월의 어느 날, 소년은 어김없이 112 출동 경찰로서 바쁜 하루를 보내고 있었다. 신고를 받으면 출동했고 시위가 나면 진압했으며, 신호등이 고장 나면 뜨거운 아스팔트 위에서 교통정리를 했다. 그날도 정신없이 하루를 보내고 이어진 철야근무를 위해 기동대 버스에 몸을 실었다.

휘영청 밝은 달을 보던 소년은 문득 어린 시절 동경한 수사반장을 떠올렸다.

'내가 이러려고 경찰이 된 게 아닌데…'

소년은 자신의 꿈이 더없이 그리워졌다. 물론 그동안 경찰로서의 활동이 의미 없는 것은 아니었다. 시위현장에서 쏟아지는 화염병 속에 죽을 고비를 넘기며 치안을 돌봤고, 위험한 시민의 안전을 위해 수많은 밤을 지새우기도 했다. 하지만 그것이 소년이 경찰이 되고자 했던 이유는 아니었다. 소년은 그날 또다시 조용히 다짐을 한다. 어린 시절 꿈꾸었던 수사관에 도전해보기로.

그로부터 얼마 후 소년은 새로 생기는 경찰경과, 즉 수사경과에 지원하게 된다.

2005년 2월. 수사과 조사계에서 경제범죄수사팀으로 직제 명칭이 변경되는 시점에 소년은 드디어 경제범죄 3팀장으로 발령을 받는다. 그해 3월, 지방청에는 '재건축·재개발 비리수사'에 대해 1위~3위까지 특진이 공약된 기획수사가 하달되어 각 경찰청에서는 지능범죄수사팀이 우수한 실적을 내도록 모든 환경을 제공해주었다. 그 때문에 지능팀에서 처리하던 사건이 모두 경제팀에 배당되어 모두의 불만이 쌓여가고 있었다.

하지만 이제 경제3팀의 팀장이 된 소년은 지금이야말로 자신의 능력을 보여줄 기회가 찾아왔다고 생각했다. 그리하여 누구보다 열심히 첩보 수집을 했고, 드디어 재건축비리로 얼룩진 고소장을 접하게 된다. 드디어 그 오랜 꿈을 이루는 순간, 수사반장의 운명이 찾아온다.

소년이 팀장이 되어 맡은 첫 번째 수사, '재건축비리' 수사는 그렇게 시작되었다.

# 03

# 04

# 05

# 06

# 07

사기의 **특급 클래스**, 자매와 사라진 금괴

01

# 자리가 사람을 만든다? 범죄를 만드는 자리

희한한 광경이다. 바쁜 우혁(가명)을 대신해 재건축 사무실에 들렀던 동연(가명)은 처음 보는 광경에 넋이 나간 듯했다. 좁디좁은 사무실에 삼삼오오 모인 사람들이 잡담을 나누거나 반가운 낯빛으로 인사를 나누는 모습이 사무실이라기보다는 시장통 같았다. ☆☆건설이 낫다거나 건설이 더 알아준다거나 하는 것은 그들에게 실은 아무 상관 없는 것인지도 몰랐다. 누가 짓든 집값은 올라갈 것이고, 2000년대의 가장 핫한 부동산 투기는 재건축이었기 때문이다.

동연은 사람들 틈을 비집고 조합장 사무실이라고 쓰인 사무실 문을 열었다.

"조합장님, 저희 건설로 결정하시죠. 제가 섭섭지 않게 해드리겠습니다."

건설사 대표로 보이는 머리가 희끗희끗한 남자가 자기보다 열댓

살은 젊어 보이는 조합장에게 머리를 조아리며 봉투를 건네는 모습이 동연의 눈에 들어왔다. 봉투를 잡아 챙기는 그의 손놀림이 매우 능숙했다. 한두 번 받아본 솜씨가 아님이 분명했다. 바로 그 때였다.

"어떻게 오셨어요?"

동연을 향해 한 아가씨가 말을 걸었다. 밖에서 사람들에게 차를 대접하던 아가씨였다.

"아무도 들여보내지 말랬잖아!"

여직원을 짐짓 나무라듯 조합장은 큰소리쳤다. 그 모습이 마치 대기업 총수라도 되는 양 권세가 대단해 보였다. 이내 세 사람의 눈이 동연에게로 쏠렸다.

"아, 저 오늘 투표를 해야 한다고 해서…."

"조합원님이시군요. 지금 밖에서 투표하고 있습니다. 용지 넣으시고 설명 듣고 가시면 됩니다."

의심의 눈초리를 하던 세 사람의 눈이 돌연 동연을 반겼다. 그를 투표지로 안내하는 손길이 빨라졌다. 하지만 무언가 씁쓸해지는 것은 왜일까? 사무실 문을 닫고 나서는 동연의 마음 한편이 불편해졌다.

'재건축이라…'

그도 알고는 있었다. 재건축 아파트가 돈이 된다는 사실을. 하지만 당시 시세 7~8,000만원이나 되는 아파트를 매입하기에 동연이 사는 연립주택 전세보증금 2,000만원으로는 어림도 없는 일이었다. 우혁을 대신해 찾아오지 않았다면 이런 괴리감을 느낄 이유가 없었을 것을, 문 하나를 사이로 저곳과 이곳의 공기는 하늘과 땅 차이였다. 그것이 그를 변하게 만든 시작점이었다.

## 일확천금을 위한 꿈의 설계

재건축에 따른 높은 시세차익을 확인한 동연. 그는 도박과도 같은 모험을 해보기로 결심했다. 전세보증금 2,000만원으로 14평짜리 아파트를 계약하고 이를 담보로 은행에서 5,000만원을 대출받아 재건축을 앞둔 아파트에 입주한 것이다. 그리고 2003년 그의 바람대로 재건축 허가가 떨어지고 조합구성 열풍이 시작하자 그는 조합장 선출을 노렸다.

'조합장만 되면 아파트가 두 채다, 이거지!'

당시 재건축 조합장 자리는 준공과 동시에 아파트 두세 채가 떨어진다는 알짜배기 자리였다. 그의 노림수는 거기에 있었다.

동연은 조합장이 되기 위해 조합구성을 위한 추진위원회를 맡

아 위원장 활동을 시작했다. 그러나 여러모로 자질이 부족한 그에게 조합원이 제대로 모여들지 않았다. 별달리 성과가 없던 동연은 한 가지 묘수를 낸다.

'조합원가입신청서 1매에 5만원씩 지급!'

돈을 준다는 말에 흘깃한 사람들이 앞다투어 가입신청서를 제출했고 순식간에 3,000매가량의 신청서를 확보할 수 있었다. 이겁 없는 투자로 동연은 조합장의 위세를 업게 되고 본격적인 작업을 착수한다. 절반 이상의 조합원가입신청서를 본 대기업 건설사나 유명브랜드 회사들이 재건축 도급회사로 선정되기 위해 동연에게 자금을 지원하기 시작한 것이다.

'돈 버는 거 어렵지 않네. 이것도 모르고 지금까지 보증금 2,000 짜리 집에서 아등바등 살아왔다니…'

동연의 얼굴에 웃음꽃이 만연했다.

"슬슬 판을 키워볼까!"

동연은 자신의 어깨에 힘을 실어줄 사람이 필요했다. 그는 예전 청와대 비서실장과 흡사한 외모를 지닌 박노영(가명)을 끌어들여 든든한 배경이 있는 양 행동했고 건달까지 세워 이미 조합장 못지 않은 상당한 권력을 휘둘렀다. 동연에게는 이제 재건축이나 재건 축조합장 따위의 일에는 관심이 없었다. 오로지 조합장 행세로 얼마나 더 많은 뇌물을 받을까 만이 관심사였다. 심지어 그는 검은 돈을 챙기기 위해 부인과 위장이혼까지 하며 철저한 사기행각을 시작했다. 이혼한 아내에게 부정한 돈의 관리를 맡김으로써 자신의 범행을 은폐하려 했던 것이다.

동연의 수법도 다른 금융사기와 별반 다르지 않았다. 각종 공사업체에 이행보증금 명목으로 2~5억원을 받은 후, 계약불이행 및 조합장사칭 등의 죄목으로 고소를 당하면 다른 업체에서 같은 방법으로 이행보증금을 받아 1/3을 우선 변제하여 돌려막는 수법이었다. 나머지 2/3는 변제할 것이라는 확약서를 작성하고 고소를 취하받아 민사사건으로 유도한 후 대부분 무혐의(불기소) 처분을 받았다. 이렇게 남긴 2/3의 수익금은 위장이혼 한 아내의 명의로 부동산을 구입하거나 외제차량을 구입하는 데 썼다. 만에 하나 구속되더라도 형기만 마치면 아내 명의의 부동산은 그대로 남길 수 있다는 계산이 깔려있던 셈이다.

그의 사기행각은 조합장 선출에 탈락했음에도 계속됐다. 동연은 경찰서에 상대조합장을 고소하고 법원에는 '조합장직무집행정지가처분'을 신청하는 등의 조처로 그가 아직 선출 가능성이 있는 조합장 후보인 양 행세했다. 적절히 시간을 번 그는 재건축에 필요한 시행·시공·설계·철거·등기·고철 사업 등을 빌미로 뒷돈을 챙기기에 바쁜 하루하루를 보내고 있었다.

## 그물에서 빠져나간 미꾸라지는 두 번째 그물에 걸린다

2005년 수사팀에 첩보가 들어왔다. 동연의 사기에 대한 70~80건의 의견서! 동연이 눈먼 돈을 긁어모으는 동안 우리는 그에 대한 분석을 마치고 그해 5월 내사에 착수했다.

"지금쯤 돈맛에 취해서 수사가 진행되는지도 모를 거야."

"원래 뭐 하나에 빠지면 물불 못 가린다."

수사팀은 동연의 어리석음에 혀를 찼다. 그동안 그가 범죄수익금을 받은 계좌는 총 8개, 이를 분석한 결과 여러 계좌에서 돈세탁 흔적을 발견하고 돈의 흐름도 파악됐다. 흔히 사기꾼들의 수법이 그렇듯 8개 계좌를 수시로 반복하여 이체하다가 어느 한 계좌에서 억대의 돈이 현금 또는 수표로 인출되는 패턴이었다. 제 딴에는 영리하게 군다지만 수사팀의 눈에는 사기꾼들이 하는 전형적인 특징이었다.

"쯧쯧… 왜 이렇게 신선한 놈들이 없노. 오래갈 것도 없다. 가족 명의로 된 부동산도 압수수색영장 집행해라."

동연은 딱히 영리한 범죄자는 아니었다. 팀장의 짐작대로 억대의 현금이나 수표가 인출되는 날에는 어김없이 부동산을 매입하거나 외제 차 등을 구매하는 날이었다. 그렇게 그들이 지출한 금액만 20여억원에 달하는 것으로 확인됐다. 더 이상 그를 체포하지 못할 이유가 없었다.

6월 17일, 수사팀은 동연 부부와 공범 7명에 대해 체포영장을 집행하기로 했다. 마침 동연에게 걸려있는 소송기일에 맞춰 압수수색과 체포를 동시에 집행하려 했던 것이다. 하지만 동연을 너무 얕잡아 본 탓일까? 아니면 수사망이 좁혀오고 있음을 짐작해서였을까? 뜻밖에도 체포 직전 동연은 홀연 자취를 감춰버렸다.

범인의 도주! 다 잡은 물고기를 놓치자 수사팀의 마음은 초조해졌다. 나머지 공범을 체포하기는 했지만 주요인물인 동연을 놓쳤으니 자존심이 상할 수밖에 없었다. 특히 나는 수사팀으로 발령받고 맡은 첫 수사라 누구보다 잘 해내고 싶은 마음이 간절했다. 하지만 결과가 이렇다 보니 기운이 쭉 빠지는 것이 당연했다.

"원래 사기꾼들 한번은 미꾸라지처럼 빠져나간다. 이봐라, 신선한 놈들이 없어."

그런 내 마음을 이해한다는 듯 팀장은 무심한 위로를 던졌다. 그리고는 새로운 수사방향을 이야기했다.

"범인추적반 꾸리고 체포한 6명에 대해서도 조사 시작해!"

그날도 어김없이 동연의 공범인 처제 부부에 대한 수사가 이어졌다. 사실 동연의 처제는 재건축추진위원회 사무실에서 동연에게 급여를 받고 일하는 직원에 불과했다. 아파트가 재건축된다는 희망이 있었을 뿐 형부가 사기를 치고 있다는 사실은 모르고 있었다.

"대체 어떻게 그 많은 돈을 먹었답니까? 그 돈들은 다 어디 있대요?"

처제 부부는 분노와 실망감으로 몹시 당황했다.

"저희도 그걸 찾고 있습니다."

짐짓 배신감을 느끼는 그녀를 보자 나는 번뜩 무언가가 떠올랐다.

"주범을 잡는데 협조하시면 정상참작이 될 수도 있습니다. 같이 뇌물을 받은 것도 아닌데 이렇게 공범으로 잡혀 있는 게 억울하지 않으십니까?"

동연의 처제는 나지막이 한숨을 쉬었다. 그녀는 무언가 골똘히 생각하더니 황급히 말을 꺼냈다.

"전에 형부가 제 아들 명의로 휴대폰 2개를 개통해달라고 해서 그렇게 해준 적이 있어요."

수사는 예기치 않은 곳에서 실마리가 잡혔다. 수사팀은 그 즉시 휴대폰 2대에 대해 긴급실시간 위치추적에 들어갔다.

같은 날 오후 10시경. 속초 기지국의 불빛이 깜박거리기 시작했다. 수사팀은 곧장 속초로 출발하여 범인이 거주하고 있는 것으로 보이는 오피스텔 주차장으로 들어갔다. 마침 차 한 대가 시동을 걸고 나가려던 참이었다. 주차장 한쪽에 시동을 걸고 나가려던 차가 시동을 끈 채 한참을 앉아있는 것이 보였다. 그러더니 다시 시동을 켜고 끄기를 반복했다. 자꾸 불안한 모습을 보이는 남자의 행동에서 어딘가 모르게 수상함이 느껴졌다. 수사팀은 차에서 내려 남자에게 다가가 창문을 두드렸다.

창문을 반쯤 내린 남자가 왜 그러냐는 듯 쳐다봤다.

"도주한 범인을 찾고 있습니다. 신분증 좀 제시해주십시오!"

남자가 내민 것은 모 잡지사 기자 신분증. 그의 얼굴이 어디서 본 듯 전혀 낯설지 않았다. 하지만 동연과 다른 이름의 신분증을 확인한 뒤라 더 자세히 신분요구를 할 수 없었다.

"영, 찝찝하네…."

다시 잠복을 위해 차로 향하던 중 수사관 한 명이 말을 꺼냈다.

"뭐가요?"

"그 기자… 이미지는 달라도 생김새가 범인이랑 닮지 않았어?"

우리는 일제히 뒤를 돌아 남자를 바라보았다. 차에서 내려 오피스텔로 걸어가는 그의 모습이 눈에 들어왔다. 그 순간 '절뚝거리는' 남자의 다리에 시선이 멈췄다. '형부는 당뇨병이 있어서 다리를 절어요!'

"석동연!"

수사팀의 눈이 서로 마주쳤다. 처제를 조사하던 중에 알게 된 범인의 인적사항과 맞아떨어지는 부분이었다. 우리는 지체하지 않고 남자에게 다가갔다.

"아, 이 미꾸라지. 그래도 우리 손에서는 못 빠져나간다!"

흠칫 놀라 달아나려는 남자의 손에 즉시 수갑을 채웠다. 신분을 위장하려 쓴 안경이 그의 얼굴에서 떨어져 깨졌다. 민낯이 드러난 동연, 그렇게 그의 도피생활도 깨져버렸다.

## 소년의 성공적인 첫 수사 브리핑

수사팀은 뒤이어 오피스텔을 수색하여 여기저기 숨겨놓은 현금과 달러 등 3,000만원의 도피자금도 압수했다. 또한 재건축비리에 연루된 공범들에 대해 본격적인 조사를 시작했고, 압수물에 대한 분석과 피해자들을 상대로 한 대질신문도 이어졌다. 수사팀이 밝혀낸 그들의 혐의사실은 동연이 조합장 직위를 사칭하여 각종 계약서를 작성해준 자격모용에 의한 사문서 작성죄[1]와 재건축 관련 이행사업을 약속하고 이행보조금 명목으로 금품을 편취한 사기죄 등이다.

---

1) 자격이 없음에도 자격이 있는 것처럼 행세하여 문서를 작성하여 교부하는 행위

또한 동연의 처는 위장이혼 후 범죄수익금을 넘겨받아 부동산을 매입하는 등 부를 축적한 사실이 드러났고, 만에 하나 동연이 처벌을 받더라도 범죄수익금은 남기겠다는 치졸한 계산까지 조사과정에서 밝혀졌다. 이에 따라 동연이 그동안 무혐의 처분을 받았던 고소사건도 모두 기소사건으로 뒤바뀌었다.

해당 수사는 2005년 6월 19일 경찰서 소회의실에서 브리핑을 하기로 했다. 수사과정에서 언론홍보는 또 하나 우리의 일이기도 하다. 이로써 근본적인 범죄 예방을 목적에 두고 있어 브리핑이 차지하는 비중 또한 수사의 한 부분이다. 사건의 경중은 언론보도의 경중에 따라 크게 달라진다. 나름 언론 브리핑에 기대도 큰 것이 사실이었다.

그러나 웬일인지 당일 기자들 모습이 한 명도 보이지 않았다. 그날이 바로 연천부대 총기사고가 일어난 날이었기 때문이다. 첫 수사를 성공리에 마친 수사팀장의 기대가 한순간에 무너졌다. 약간의 아쉬운 마음을 달래고 소회의실로 들어선 그는 다행히 KBS 카메라와 기자가 도착해 있는 것을 확인하고 안도의 한숨을 쉬었다. 비록 많은 기자가 모인 것은 아니지만 KBS 기자는 단독취재에 신이 났고, 수사팀장은 수사가 언론의 조명을 받을 수 있어 기뻤다.

수사는 성공적으로 종료되고, 수사사항은 기획수사 만료일 전에 지방청에 보고되어 2위에 입상하는 쾌거를 이뤘다. 또한 경장에서 경사로 수사팀 내 한 명이 특진하는 행운도 거머쥐게 되었다.

# 수사 뒷이야기

이 사건에 대한 대법원 판례(2006도2330)를 보자.

석동연 변호인은 "조합장이 아니면서 조합장 직함을 사용하여 계약서나 영수증을 작성해주는데 조합장 직인을 사용하지 않고 석동연 본인의 개인 인장을 사용하였으므로 자격모용에 의한 사문서작성죄가 성립하지 않는다"며 무죄를 주장했고, 석동연은 "계약 상대방이 사전에 피고인(석동연)이 조합장이 아닌 재건축추진위원장이라는 사실을 알고 있었기 때문에 범행의도를 인정할 수 없다"는 이유로 무죄를 선고받았다. 이에 피해자가 항소하였고 상고심 대법원에서는 「행사할 목적이 다른 사람으로 하여금 잘못 믿게 할 목적으로 말하고 계약의 상대방이 자격모용 사실을 알고 있었다거나 그 계약서에 조합장의 직인이 아닌 다른 인장을 날인하였더라도, 범행의도와 행사의 목적이 인정된다」며 무죄를 파기하고 서울고법에 환송했다.

# 02

작은 구멍으로 새어나간 폭로

서윤호(가명)의 표정을 살피는 아내의 얼굴에 긴장감이 감돌았다. 돌이켜 몇 번을 생각해 보아도 명백한 자신의 잘못이었다. 잔 받침에 잔을 올려 윤호의 앞에 차를 내주는 아내의 손이 미안함과 후회스러움에 하얗게 질려 있었다.

"우리, 깨끗하게 이혼합시다."

긴 정적을 깨고 아내의 귀에 꽂힌 날카로운 윤호의 한마디였다.

"위자료도 줄 수 없고, 아이들도 당신이 데려가시오."

아내의 대답 따위는 안중에도 없다는 듯 일어서는 윤호의 서늘한 모습에 아내는 결국 참았던 울음을 터뜨리고 말았다.

윤호의 삶은 겉으로 보기에 참으로 평온한 삶이었다. 어렵게 건축사 자격증을 따고 웬만한 고시보다도 힘들다는 건축공무원 시험에도 합격했다. 비록 30세의 늦은 나이에 시작한 일이었지만 지난 10년 동안 5개 구청의 건축 인허가 업무를 담당하면서 어느덧 아내와 두 딸을 둔 40대의 평범한 가장이 되어있었다.

윤호의 담당업무는 관할지역 내 건설공사와 관련된 민원을 처리하고 주택가 다세대주택과 저층상가의 건축인허가를 처리하는 일이었다. 그의 업무는 주로 건축사사무실에서 이루어졌는데 작은 건물들이다 보니 민원으로 인한 공사 중지라든지, 준공검사가 늦추어지는 일 등이 빈번하게 일어나기 일쑤였고, 그러다 보면 공사비가 늘어나는 건 당연한 이치였다. 작은 건물들을 건축하는 건축주는 공사비가 넉넉하지 않을 수밖에 없어서 그런 문제들을 해결하기 위해서 늘 공무원에게 '급행료'를 내는 것이 당연시되곤 했다. 비록 높은 직책은 아니었지만 윤호는 작은 건설업체들에게는 늘 칼자루를 쥔 사람이었다.

때는 2004년 여름, 그는 우연한 기회에 연이 닿았던 H건설사의 고 사장과 계속되는 오랜 인연을 이어가고 있었다.

"지난번에 처리해주신 일 덕분에 공사가 빠르게 마무리되었습니다. 매번 이렇게 도와주시니 제가 감사한 마음을 어떻게 표현해야 할지 모르겠습니다. 오늘 저녁에 사모님과 아이들과 함께 저희 집에 식사하러 오십시오."

오랜 시간을 알고 지내면서도 늘 깍듯하게 대하는 고 사장을 윤호와 그 아내는 가족처럼 생각하고 있었다. 특히나 윤호가 챙기지 못하는 아내의 생일까지도 기억해주는 고 사장의 섬세함에 그들은 언제나 고 사장에게 많은 편의를 봐주는 것으로 고마움을 표현하곤 했다. 그러나 돈으로 맺어진 그들의 필요 이상의 깊은 관계는 결국 돌이킬 수 없는 화를 불러오고 말았다. 윤호의 아내가 고 사장의 유혹에 넘어가 버린 것이었다.

이를 알게 된 윤호는 불륜을 문제 삼아 위자료 한 푼 주지 않고 아내와 이혼했다. 그 후 그의 아내는 두 딸과 함께 지방으로 내려가게 되었고, 얼마 지나지 않아 윤호 역시 알고 지내던 지선(가명)과 사실혼 관계를 맺으면서 그 부부의 관계는 끝이 나는 듯 보였다. 그러나 그는 짐작이나 할 수 있었을까…? 평온한 듯 이어지던 일상 속에서 불행의 씨앗이 자라나고 있었다는 것을.

2004년 겨울, 부모의 이혼에도 불구하고 윤호의 딸은 높은 수능점수로 서울의 대학에 입학하여 윤호를 찾아왔다. 당장 입학금은 없었지만, 바로 얼마 전까지 한집에 살던 아버지가 있었기에 마음이 무겁지만은 않았다. 오랜만에 보는 아버지는 자기에게 어떤 말을 해줄까. 게다가 오늘은 빈손이 아닌 자랑스러운 대학합격증이 있지 않은가.

"아버지, 그동안… 잘 지내셨어요?"

잔뜩 굳은 얼굴로 심호흡을 한 뒤 겨우 뗀 첫마디였다.

"저 서울에 있는 대학에 합격했어요. 그런데… 서울로 올라오고 싶은데 돈이 없어요."

반갑게 맞이하는 아버지를 기대했던 딸은, 아버지의 냉랭한 모습에 주눅이 들어 얼른 고개를 숙이고 필요한 말만 속사포처럼 내뱉었다.

"엄마한테 얘기 들었다. 잘됐구나."

축하한다고 말하고 있는 윤호의 입매가 사무적으로 싸늘하게 움직였다.

"잘 들어라. 네가 서울에 올라오더라도 내가 해줄 게 없다."

생각지도 못한 반응이었다. 둘 사이에 어색한 침묵이 흘렀다.

"나는 이미 다른 여자와 살고 있고, 그 여자 자식들도 함께 살고 있다. 그렇다고 내가 너에게 따로 집을 마련해줄 수 있는 형편까지는 못 된다는 거, 너도 알 거라고 생각하는데."

딸은 숙이고 있던 고개를 들어 아버지의 얼굴을 쳐다보았다.

"사실 여자가 좋은 대학에 갈 필요가 뭐가 있니? 여자는 자고로 조신하게 집에 있다가 좋은 남자 만나서 시집가는 게 최고다. 그러니 그냥 네 엄마 옆에서 조용히 지방대학에 다니는 게 좋겠다."

귀찮은 듯 내뱉는 아버지의 신경질적인 말에 딸은 할 말을 잃었다. 아버지와 어머니가 이혼한 게 불과 반년 전의 일이었다. 단란했던 가정이 깨진 것도 수험생에게 벅찬 고통이었지만, 그게 어머니의 잘못인 탓에 아버지에 대한 원망은 조금도 없던 터였다. 그래서 이를 악물고 공부했다. 아버지에게 자랑스러운 딸이 되고 싶었기 때문이다. 아버지가 자신의 절실하고 간곡한 부탁을 단칼에 거절하리라고는 상상하지도 못한 일이었다. 원망이 가득한 눈으로 아버지를 보는 딸의 눈에 불길이 솟는 것 같았다.

퉁퉁 부은 눈으로 돌아온 딸에게서 자초지종을 전해 들은 아내의 입술이 하얗다 못해 파리하게 떨렸다.

남편이 딸아이의 부탁을 거절할 수도 있다는 것을 예상했었더라면 딸에게 두 번의 상처를 주지 않을 수도 있었다. 가족에게 살갑지는 않았지만 자식에 대한 책임감은 변하지 않았으리라 생각했는데… 그 정도가 그렇게 무리한 요구였을까. 그녀에게 깊은 후회와 더불어 참을 수 없는 모멸감이 물밀 듯 밀려왔다.

"아무리 네 잘못으로 이혼했어도 자식에 대한 부모의 의무마저

저버릴 권리는 없어."

그녀의 지인 P교수는 무겁게 내려앉은 그녀를 위로했다. 할 수만 있다면 윤호에게 딸이 받은 만큼의 고통을 되돌려주고 싶은 분노가 그녀 마음에 일었다.

## 메마른 부정, 양날의 검이 되어 날아오다

"자네, 법조계 아는 사람이라도 있나? 내 친구가 억울한 일을 당했는데…."

P교수는 어느 날 우리 수사팀의 수사관으로 근무하고 있는 친구를 찾아왔다. 아무리 생각해도 윤호의 행동은 너무나 괘씸했다. 도를 넘은 아버지의 냉정함에 상처받은 아이의 심정이 오죽할까 싶어 상담이라도 해보고자 찾아온 것이었다. 무심코 이야기를 듣던 수사관의 뇌리에 무언가 스쳐 지나는 생각이 있었다.

"그 사람 건축 인허가 담당 공무원이랬죠? 건축 인허가 담당 공무원이면 건축회사 사장들과 친분도 쌓았을 거고, 이런 경우 분명 금품이 오갔을 수 있어요. 혹시 이런 부분에서 작은 것이라도 단서가 될 만한 게 있는지 한번 물어보세요."

수사팀으로서는 뜻밖에 첩보가 입수된 거나 마찬가지였다. 우리
는 조용히 뇌물수수 관련 수사를 시작했고 이 사실을 모르는 당
사자의 꼬리를 잡는 것은 시간문제였다.

수사를 접한 윤호의 아내는 당황한 기색이 역력했다. 하지만 한
편으로 내심 고마운 눈치였다. 그러나 아쉽게도 구체적인 뇌물 관
계에 대해 아는 것이 없었다. 예전 고 사장과의 관계로 보아 뇌물
관계가 있을 것이라는 추측만 할 뿐 증거가 될 만한 사실은 전무
했다. 심증만으로 진행한 수사의 실마리는 쉽게 풀리지 않았다.

"저기, 이런 게 도움이 되려나…?"

주저하며 망설이던 아내가 조심스럽게 말을 이어갔다.

"생활비가 가끔 그 사람의 통장이 아닌 다른 사람의 계좌에서
들어온 적이 있어요."

'바로 이거다!' 별거 아니라는 듯 툭 던진 그녀의 한마디에 우리
는 속으로 쾌재를 불렀다. 다른 명의의 계좌는 차명계좌가 있음
을 의미하는 것이고 이는 뇌물혐의에서 가장 확실한 증거이기 때
문이다.

2005년 6월 28일, 수사팀은 곧바로 서윤호에 대한 뇌물수수 혐
의 첩보를 제출함과 동시에 내사를 시작했다. 무정하게 딸을 돌려
보낸 대가가 커다란 부메랑이 되어 그에게 돌아갈 차례였다.

첩보에 의한 수사는 보안이 생명이다. 우리는 신속하게 서윤호 계좌에 대한 압수수색영장을 받아 그의 전처에게 송금한 박경준(가명) 명의의 계좌를 확보했다. 우리는 박경준의 계좌를 서윤호의 차명계좌로 추정, 개설일로부터 2005년 6월 30일 현재까지 거래 내역 등의 정보를 입수했다.

수사팀이 박경준의 계좌거래내역을 분석한 결과 서윤호가 OO 구청에서 2001년 6월부터 2003년 9월까지 16명 이름으로 50회에 걸쳐 6천여만원을 받았음을 확인할 수 있었다. 또한 서윤호에게 입금한 16명의 신원을 조회한 결과 그들 모두 건축사로 박경준 역시 건축사사무실에 근무하고 있다는 사실도 밝혀졌다. 2005년 8월, 우리는 제일 먼저 박경준을 상대로 조사를 시작했다.

그의 건축사무소는 서윤호가 관할하는 구청 관내에 있어 업무적으로 서윤호와 자주 접할 수밖에 없었다. 박경준이 두둑하게 챙겨주는 급행료 덕분인지 그는 늘 다른 건축사보다 쉽게 일을 볼 수 있었는데 서윤호는 이에 만족하지 않고 점점 더 대담하고 노골적으로 금품을 요구해왔다고 한다.

2001년 6월 박경준은 그날도 다세대 주택공사에 대한 건축허가를 얻으러 구청 건축과에 도착했다.

"아이고, 박 선생 오랜만이야, 여기 와서 커피 한잔해."

전에 없이 친절을 베푸는 서윤호의 태도에 적잖이 당황한 박경준은 그가 권하는 의자에 엉거주춤 앉으며 그의 의도를 파악하기 위해 온 신경을 곤두세웠다.

"이번엔 250만 넣어. 그리고…"

그는 누가 듣고 있기라도 한 듯 입으로 손을 가리고는 속삭이듯 말했다.

눈치 빠른 박경준은 큰 소리로 웃으며 말을 이었다.

"아유, 우리 서 선생님, 오늘 무슨 좋은 일이라도 있으신가 봐요."

일부러 너스레를 떨며 대답하는 그였다. 서윤호는 그에게 다가와 나머지 용건을 슬쩍 말하는 것이었다.

"당신 명의로 통장 하나 개설해 줄 수 있어?"

박경준의 머리가 빠르게 돌아갔다.

'본격적으로 돈을 챙기시겠다!'

서윤호의 의도를 파악한 그는 두말없이 얼른 승낙하고, 250만 원을 입금하여 통장을 건넸다.

차명계좌를 손에 넣으니 서윤호는 이제 몸을 사릴 일도 망설일 것도 없었다. 그는 마음 편하게 건축업자들의 영업정지를 해결해 주거나 준공검사를 날림으로 해주는 일, 민원에 대한 해결 등 자기가 가진 권한을 마음껏 휘두르고는 당당하게 뒷돈을 요구했다. 심지어 애경사비까지 요구하며 건축사 16명으로부터 2001년 6월

13일부터 2003년 9월 5일까지 '무사통과비, 알선비, 경조사비, 찬조금, 급행료, 사례비'의 명목으로 6,000만원이 넘는 뇌물을 받아온 정황이 속속 드러나기 시작했다.

## 빗나간 작전

수사는 계속해서 순조롭게 진행되었다. 2005년 9월, 서윤호에게 뇌물을 공여한 건축사 16명에 대한 범죄사실의 소명을 마치고, 그의 전 근무지 구청 건축과를 대상으로 압수수색영장을 집행하여 서윤호를 체포하기로 했다. 우리는 그가 근무하고 있는 구청의 건축과를 방문했다.

"서윤호 씨, 어제부터 출근하지 않으셨는데요."

간결한 대답에 순간 싸늘한 느낌이 목 뒷덜미를 타고 흘렀다. 예상과는 달리 그를 검거하는 게 쉽지 않을 거란 생각이 스쳐 갔다. 우리는 부리나케 서윤호의 집으로 방향을 틀었다.

"어제 점심 무렵 집에 왔다 나간 뒤로 연락이 되지 않아요."

어딘가 석연치 않은 지선(가명, 서윤호 동거녀)의 대답이었다. 우리는 그녀의 동의를 얻어 그의 방을 확인했다. 책상 위에는 서윤호의 신분증과 지갑, 핸드폰, 각종 신용카드가 놓여있었다. 혹시나 하는 의심이 확신으로 굳어졌다. 서윤호가 급히 몸을 피했다는 것은 필시 자신이 체포될 것이라는 사실을 알고 한 행동이었다. 아니나 다를까, 3일 전 마지막으로 조사를 받은 건축사 J가 그에게 수사에 대해 귀띔해준 것이 드러났다. 약삭빠른 서윤호는 그 즉시 현금 4,000만원을 인출하여 도주해버린 것이다.

수사팀의 분위기가 일순간 싸늘해졌다. 쉽게 풀릴 것 같던 사건이 서서히 장기화의 조짐을 띄어가고 있었다.

수사는 다시 원점으로 되돌아왔다. 서윤호를 체포하지 못하면 사건이 검찰에 송치되어 그를 검거할 기회를 놓치게 되는 것이다. 꾸물거릴 시간이 없었다. 우리는 신속하게 체포영장을 발부받고 며칠간의 밤샘조사 끝에 서윤호가 검찰수사관 출신의 친구 이정호(가명)의 도움을 받아 도주 중일 것이라고 확신할 수 있었다. 수사를 피하는 방법을 알려준 누군가가 없다면 초범인 서윤호가 이렇듯 치밀하게 수사망을 피해 도주하는 것은 불가능했기 때문이다.

우리는 수사팀 인원을 2개 조로 나누어 수사를 시작했다. A조는 서윤호의 형제자매 주거지와 연고지를 대상으로 잠복수사를 하기로 했고, B조는 서윤호의 동거녀 지선을 미행하기로 하였다. A조의 밤낮 없는 잠복수사는 별다른 성과를 내지 못했다. 어찌나 철저하게 숨어버렸는지 평소 그의 행동반경을 조사하고 기다리는 것만으로는 소득이 없었다. 수사팀은 이제 지선의 미행에 집중하기로 했다. 이것마저 소득이 없으면 다른 방법이 없었다. 수사팀의 속은 바짝 타들어 갔다.

직업이 없는 지선의 동향은 특별할 게 없었다. 윤호의 누나가 운영하는 약국에 종종 들르거나 주말에 성당에 나가는 정도의 움직임이 전부였다. 수사팀은 혹시나 성당 안에서 윤호를 만나지는 않을까 하는 생각에 신자로 위장해 잠입도 해보았으나 둘이 만난 정황을 찾을 수가 없었다.

마치 우리의 미행을 눈치라도 챈 듯 지선은 언제나 수사팀을 능수능란하게 따돌렸다. 성당에서도 신자들이 드나드는 문이 아닌 사제들의 출입문을 이용했고, 승용차로 이동할 때에는 40km/h 이하의 속도로 움직여 누가 자신을 따르는지 살피며 조심스럽게 행동했다. 심지어 윤호 누나의 약국에 갈 때도 직선거리가 아닌 골목길을 빙빙 돌아갔고, 식당에서 밥을 먹고 나오면 주차되어있는 차량을 확인한 뒤에 움직이곤 했다.

수사팀으로서는 여간 난감한 일이 아니었다. 하지만 지선이 이토록 철저하게 미행을 의식하는 행동으로 보아 두 사람이 서로 긴밀하게 연락하고 있음을 파악할 수 있었다. 지선의 움직임을 놓치지만 않는다면 윤호를 검거하는 것은 시간문제라고 확신했다. 확신이 있는 기다림은 지루할 틈 없는 긴장의 연속이었다.

그렇게 3주의 시간이 빠르게 흘러갔다. 노을이 채 걷히지 않은 저녁 어스름의 시간, 그날도 수사팀은 지선의 집을 관찰하기 위해 지선의 아파트 앞 동 계단으로 올라갔다. 평소와 다를 것 없는 여느 때 저녁 시간. 수사팀도 햄버거를 한 입 베어 물던 바로 그 순간이었다.

"어, 어! 저기!"

평소보다 빨리 식사를 마친 지선이 집을 나서는 것이 포착됐다. 특별한 일이 없으면 밖으로 나오는 일이 없던 그녀가 낮도 아닌 밤에 외출하는 것은 수상한 일이었다. 수사관은 급히 그녀의 뒤를 밟았다.

등줄기에 식은땀이 흘렀다. 눈치 빠른 지선이 우리가 뒤를 밟는다는 것을 안다면 모든 일은 헛수고로 돌아가리라. 수사팀은 그녀가 미행당한다는 것을 눈치채지 못하게 그녀보다 앞서 걷기로 마음먹었다. 그리고는 전화를 하는 척 눈앞에 보이는 공중전화부스로 들어갔다. 이쯤 되면 지선도 감쪽같이 속았겠지 싶어 안심하던 찰나였다. 그 순간 우리를 빤히 보던 지선이 성큼성큼 다가오는 것이었다.

'들켰구나!'

심장이 쪼그라들어 온몸에 핏기가 싹 가시는 것만 같았다. 점점 더 다가오는 지선, 새초롬하게 곁눈질을 한번 흘리고는 시장통으로 사라져버렸다. 다행히 우리가 수사팀이라는 것은 모르는 듯 보였다. 우리도 신속하게 그녀의 뒤를 따라 시장으로 막 들어섰다. 바로 그때 갑자기 지선이 걸음을 멈추고 주위를 두리번거리기 시작했다. 잠시 뒤 지선은 트럭 뒤에 몸을 숨기고 주변을 살폈다. 그녀는 주위를 둘러보고 아무도 없다는 것을 확인하고 살짝 고개를 숙인 채 재빨리 비어있는 공중전화부스로 들어갔다. 그렇게 그녀는 한참을 누군가와 통화하고 있었다. 통신수사를 피해 추적이 되지 않는 공중전화로 윤호와 연락하고 있었던 것이다.

　몇 초의 시간이 몇 시간처럼 흘렀다. 수사팀은 중요한 단서를 발견했다는 사실에 좀처럼 흥분이 가라앉지 않았다. 지선이 집으로 돌아간 후에야 우리는 전화국을 찾아가 수사협조요청을 했다. 그리고 마침내 지선이 공중전화로 통화한 상대의 번호를 입수할 수 있었다. 이제 더 이상 무모한 기다림을 멈출 결정적인 단서를 찾은 셈이었다.

## 뛰어봤자 부처님 손바닥 안

'서윤호, 그렇게 요리조리 피해 다니더니 이제 너는 독 안에 든 쥐다!'

수사는 활기를 띠어갔다. 우리는 서윤호의 번호로 판단된 번호에 대해 위치추적을 의뢰했다. 폰의 위치는 신림동 고시촌! 수사팀은 다음 날 즉시 그곳을 답사하기 위해 신림동으로 출발했다. 그러나 생각지도 않은 변수가 우리의 발목을 잡았다. 서윤호의 은신처라 생각하고 도착한 곳은 다닥다닥 붙어있는 쪽방촌이었다.

"우리가 서윤호를 너무 만만하게 봤네…."

아차! 싶었다. 많은 방이 촘촘하게 들어찬 쪽방촌에서 서윤호를 찾는 것은 모래에서 바늘 찾기였다. 우리 수사 인력만으로는 불가능한 일이었다. 결국 코앞에 범인을 두고 발길을 되돌릴 수밖에 없었다.

싸워보지도 못하고 뒤통수를 제대로 얻어맞은 격이었다. 우리의 작전을 예상이라도 했다는 듯 여유롭게 따돌린 서윤호에게 이전과 다른 분노가 느껴졌다. 수사팀은 탐문수사로 한계가 있다고 판단하고 작전을 바꾸기로 결정했다. 다행히 우리에게는 위치추적이 되는 핸드폰이 있지 않은가! 물론 서윤호의 것이라 단정할 수 없지만 이를 알아보기 위한 추적은 계속됐다.

우리는 2~3일 동안 핸드폰을 위치추적하여 그가 다니는 동선과 사용하는 교통수단을 알아냈다. 그리고 서윤호가 다니는 길이라고 판단한 길목을 우선 지키기로 마음먹었다.

수사팀은 두 개 조로 나누어 한 조는 여전히 동거녀 지선의 동향을 살피고 다른 한 조는 그가 드나드는 신림역에서 잠복하기로 했다. 그렇게 잠복수사가 이어지던 어느 일요일 오후 4시, 심상치 않은 전화가 걸려왔다.

"팀장님, 김지선이 고시촌으로 이동했습니다!"

"좋았어! 수사 2팀 신림역 잘 살피도록 해."

팀장의 얼굴에 회심의 미소가 어렸다. 비로소 서윤호를 만나는 것인가? 소득 없이 이어지던 잠복수사를 끝낼 시간이 마침내 찾아왔다.

함께 움직이던 핸드폰의 신호가 두 갈래로 갈라졌다. 지선은 집으로 향하고 있었고, 서윤호로 보이는 핸드폰은 성수동 쪽으로 움직이고 있었다. 생각했던 그대로였다. '서윤호는 곧 신림동 지하철역에 모습을 드러낼 것이다.' 그 시간을 기대하며 수사팀은 계획대로 신림동에서 그를 맞이할 준비를 단단히 했다.

그런데 이게 웬일인가! 예상치 못한 일이 벌어지고 말았다. 늘 일정한 시간대에 신림동 지하철역을 지나던 신호가 그날따라 우리의 바람대로 움직여주지 않는 것이었다. 핸드폰 신호는 지하철 막차가 끊어지는 시간까지 성수동에 머물러 있었다. 그것은 매우 불길한 신호였다.

자신이 쫓기는 중이라는 것을 안 서윤호는 달리 친구를 만나는 일도 없었다. 더욱이 그가 머물러 있는 성수동은 유흥가나 모텔이 밀집한 지역도 아니었다.

'뭔가 잘못되었구나.'

이상한 예감이 수사팀의 뇌리를 스쳐 갔다. 더 이상 지체할 시간이 없었다. 신림동에서 그를 맞이하려던 우리는 부리나케 성수동으로 출발했다. 다행히 막차가 끊긴 시점이라 평소 지하철만 이용하는 서윤호의 이동이 불가능하리라 판단해서였다.

2005년 10월 3일 새벽 2시. 사방에 캄캄한 고요가 낮게 깔린 시간, 수사팀은 서윤호가 은신할 만한 곳을 찾기 위해 주변의 가장 높은 빌딩에 올랐다. 그리 멀지 않은 곳에 흐릿한 목욕탕 표시등이 빛을 밝히고 있었다. 갈 곳 없는 사람들이 남의 눈치 살피지 않고 편히 숨어들 수 있는 곳! 24시간 운영하는 찜질방이었다.

새벽 시간의 찜질방은 시끌벅적한 북적거림이 없었다. 몇몇 띄엄띄엄 누워있는 사람들 사이에서 우리는 조심스럽게 서윤호로 보이는 사람을 찾았다. 대부분 수건으로 얼굴을 가린 채라 적은 인원에도 그를 분간해내기란 쉽지 않았다. 한 사람 한 사람 지나가며 신중한 발걸음이 이어졌다. 점점 인원을 좁혀갔고 눈에 잘 띄지 않는 구석에 다다를 때쯤이었다. 제법 서윤호와 몸집이 비슷한 사내가 수건 뒤로 얼굴을 가리고 누워있었다. 한 수사관이 사내에게 천천히 다가갔다. 긴장된 손끝으로 얼굴 위의 수건을 걷어 올렸다.

"서윤호 씨 아니세요?"

"아닌데요."

남자는 누워서 단답형의 대답만 한 채 다시 신경질적으로 수건을 덮어버렸다. 수사관은 또다시 허탈한 모습으로 돌아왔다.

"하~ 저 사람도 아니라는데요."

그 광경을 묵묵히 보고 있던 팀장과 다른 수사관들은 어이없다는 듯 그를 뚫어지게 쳐다보았다.

"아이고야, 너한테 잡힐 범인이면 고놈도 착한 놈이겠다. 어떤 범인이 '저 범인 맞습니다!' 하겠냐!"

어설픈 수사관의 태도에 다른 베테랑 수사관이 조용히 꾸짖었다. 아직 검문검색의 경험이 없던 신입 수사관인지라 뭐든 엉성하기 짝이 없었다. 더욱이 심성도 착해 새벽에 찜질방에서 쉬고 있는 사람을 범죄인 취급하는 게 스스로 미안했던 모양이었다. 시민을 위해 급히 검문을 마치려는 것이 우스운 장면을 연출하고 말았다. 하지만 수사현장에서 웃음은 금물이다. 수사팀장의 얼굴이 빠르게 굳어졌다. 지금처럼 범인을 목전에 두고서 더더욱 긴장의 끈을 놓을 수는 없었다.

"너는 검문 상대가 아니라고 하면 그냥 오면 되는 거야? 최소한 신분증을 확인하거나 인적사항 정도는 물어봐야지!"

심각한 표정의 팀장이 수사관을 뒤로하고 다시 남자에게 다가갔다. 경찰관 신분증을 제시하고 수사 협조를 위해 신분증 제시를 요구한 팀장. 하지만 남자는 또다시 얼굴을 가리고 대답했다.

"목욕탕이라 신분증을 소지하지 않았는데요."

"그러면 신원을 확인할 수 있는 이름과 주민번호, 주소 좀 말씀해주시죠."

남자가 천천히 입을 뗐다. 일순간 팀장의 눈빛이 매섭게 바뀌더니 입가에 야릇한 미소가 지어졌다. 그의 손이 천천히 수갑을 향해 움직이며 말했다.

"거참, 사람이 와서 뭘 물어보면 일어나 앉아 얼굴 정도는 보면서 말합시다. 서윤호 씨!"

2005년 9월, 여느 때와 마찬가지로 지선의 무릎을 베고 누운 서윤호는 심심한 듯 티브이 채널을 돌리고 있었다.

"따르릉"

"여보세요!

"형님, 큰일 났습니다."

꼬리가 길면 잡힌다고 했던가. 차명계좌를 통해 돈이 들어오는 것이 더 이상 신기하지도, 흥분되지도 않을 즈음이었다. 내 돈이 아니었지만, 당연히 내 돈이라 여기며 죄책감은커녕 당연하게 받아쓰던 돈이었다. 누가 나를 신고했단 말인가? 아무리 생각해봐도 짐작이 가는 곳이 없었다. 그러나 신고자를 추적하는 게 급한 일이 아니었다. 일단 몸을 피하고 봐야 할 일이었다.

이런 일을 해결해 줄 수 있는 친구는 정호(가명)뿐이었다. 검찰수사관으로 일해왔으니 이런 일의 행동요령쯤이야 식은 죽 먹기일 터였다.

"경찰이 너를 수사하고 있다면, 핸드폰과 신용카드는 사용하면 안 된다. 핸드폰과 신용카드는 사용하는 순간 바로 추적이 되거든. 신분증도 집에 두고, 현금만 사용해라. 그리고 모든 연락은 공중전화를 이용하고."

일목요연하게 행동요령을 알려준 정호는 다음의 주의사항도 잊지 않았다.

"가장 중요한 건, 혹시나 불심검문을 당했을 때, 절대로 너의 신분이 드러나지 않게 내 주소와 주민등록번호를 암기해. 어느 순간이라도 당황하지 않도록 수십 번 연습해야 한다."

........................................................

서윤호가 수백 번을 머릿속에 그려왔던 상황일 터였다. 그는 암기한 대로 주소를 거침없이 말했다.

"이정호, 서울시 성동구 OO동…."

그러나 아무리 침착하자고 스스로 다짐을 해도 그만한 배짱은 아니었나 보다. 주소를 다 마칠 무렵 서윤호의 목소리가 미세하게 떨리기 시작했다. 그의 말이 끝남과 동시에 팀장은 찰랑거리는 은빛 수갑을 그의 팔에 거칠게 채웠다. 남자의 입가에서 '흐음'하는 신음이 새어 나왔다. 완벽한 도주를 꿈꿨던 서윤호의 행각은 그 짧은 탄성과 함께 끝나버렸다.

나름 치밀한 도주였다. 수사팀에도 서윤호를 검거하는 일은 절대 호락호락하지 않은 일이었다. 사전에 그의 주변 인물에 대한 직업, 사진 자료 등의 정보를 파악하지 않았더라면 다시 수사망을 빠져나갔을 그였다. 다행히 절친한 친구 이정호의 이름이 나오는 순간 팀장은 그가 서윤호임을 확신할 수 있었다.

이처럼 끈질긴 추적수사는 어김없이 성공적으로 마무리됐다. 죄는 언제나 정의에 무릎 꿇는 법이고, 범인에게 영원한 위장이란 없는 법이다. 1개월의 밤낮 없는 수사 끝에 범인을 잡은 우리는 이러한 진리를 새삼 깨닫게 되었다.

## 꼬리가 길면 잡히는 법

2005년 10월 4일 수사팀은 서윤호로부터 임의 제출받았던 메모지를 확인했다. 메모에는 자신을 수사하는 수사팀의 동향을 파악하는 내용과 브로커를 이용한 사건무마 또는 불구속수사를 위한 청탁 대상에 대한 논의, 검거되지 않기 위한 나름의 행동수칙 10개 명과 브로커에게 송금한 2,000만원 내역 등이 있었다. 우리는 이미 건축사 등 16명으로부터 뇌물을 공여한 내용과 공여한 대가가 어떤 공사인지, 어떤 명목이었는지 등의 진술을 확보해 놓은 상태였다. 인허가 관련된 문서도 구청에서 압수해 놓았기 때문에 서윤호를 조사하는 것은 어려운 일이 아니었다. 따라서 서윤호는 차명계좌를 이용해 수수한 6,000만원에 대해서 쉽게 시인했다.

문제는 구청을 옮긴 2004년부터 2005년 9월까지 불특정일에 수시로 입금된 급여나 수당을 제외한 현금 1억여 원이었다. 수사팀은 이에 대한 증거를 확보하기 위해 그의 사무실에서 수첩 등을 압수할 계획이었으나 서윤호가 한발 앞서 증거를 인멸하고 도피하는 바람에 구체적인 증거를 확보하지 못했다. 그것이 빌미가 되어 서윤호는 1억여 원에 대해 빌린 돈이라며 혐의를 완강히 부인했다. 증거가 없는 상태에서의 추궁은 승산 없는 소모전이었다. 비록 완벽히 의구심을 풀지는 못했지만 이미 확인된 수수금액에 대해서만 범죄사실을 인정받고, 구속 후 언론에 브리핑하고 검찰에 송치할 수 있었다.

# 수사 뒷이야기

: 이런 사건이 발생하면 범인들은 도피를 시작함과 더불어 사건을 무마하기 위한 브로커를 반드시 찾게 마련이다. 이 사건에서도 또한 서윤호에게 사건을 무마하기 위한 조건으로 2,000만원을 요구한 브로커가 등장했으나 십중팔구 이런 경우 사기를 당하게 된다. 서윤호 또한 도피 중에 브로커에게 2,000만 원을 사기당했다.

: 수사과정에서 있었던 일이다. 서윤호의 근무지를 찾아간 초보 수사관이 그의 책상 위에 있던 탁상용 달력과 업무용 수첩을 증거물로 가지고 오려고 했을 때—범죄현장에서의 압수, 형소법 216조 3항에 의해 압수가 가능하였을 것으로 판단—그곳 건축과장이 '영장을 가지고 왔느냐, 영장이 없으면 가지고 갈 수 없다'고 항의하는 통에 그냥 온 사실이 있었다. 뒤늦게 보고받고 수사팀장이 건축과로 향했으나 그때는 이미 누군가 증거물인 달력과 수첩을 없앤 후였다. 참으로 안타까운 일이 아닐 수 없었다. 이번 일로 수사 경험부족으로 인한 스킬미숙과 수사기법에 대한 교육의 필요성을 절실하게 느꼈다.

: 그 후 세월이 흐른 2009년 어느 날 서윤호와 사실혼 관계에 있던 지선으로부터 전화가 걸려왔다. 서윤호에게 금전적으로 큰 피해를 보았으니 그를 고소하겠다는 상담이었다. 서윤호는 출소 이후에 건축사사무실을 운영하였으나 일거리가 없어 모아둔 돈을 탕진하고 돈 한 푼 벌지 못해 지선으로부터도 버림받아 두 번째 죗값을 치르고 있었다.

# 03

서민경제의 말 없는 잠식자

## 무형의 사기 조직, 검거의 서막이 오르다

2005년 가을, 경찰서로 출근하자마자 한 통의 전화가 걸려왔다. 전화를 받은 수사관의 얼굴이 슬그머니 일그러졌다.

"또, 도대체 몇 번째냐?"

다들 고개를 내저으며 한껏 귀찮은 표정들이었다.

"그러게요. 요즘은 전화상담원이 된 기분이에요."

"나도 벨소리 듣기 지겨워서 이놈들 잡아넣어야겠다!"

수사팀장의 목소리에도 짜증이 배어 나왔다. 그도 그럴 것이 비슷한 진정서를 받는 일이 요즘 유행처럼 느껴질 만큼 잦았기 때문이다.

"저, 대출광고를 보고 전화를 했었거든요. 수수로 50만원을 송금해 달라기에 줬는데 연락이 없어요! 이 사람들 좀 잡아주세요!"

이러한 접수가 하루 평균 5~6건, 피해액은 10만원 이하의 소액이었다. 이와 같은 사건의 특징은 모두 피의자를 특정하지 못해 내사가 중지되어 더 이상 수사가 진행되지 않는 상황이란 점이다. 하지만 아무리 생각해도 이상했다. 이렇게 많은 진정서가 접수되고 있는데도 단 한 명의 피의자도 찾아내지 못하다니…? 그냥 넘길 일이 아닌 것만 같았다. 소액이라 진정서를 접수하지 않은 피해자들은 더 많을 것이란 판단이 들었다. 그렇다면 피해액은 결코 적은 액수라 할 수 없었다.

"도대체 어떤 놈이 장난질을 치는지 면상 좀 보자."

우리는 이 사건을 수사하기로 결정하고 본격적인 수사에 착수했다. 우선 비슷한 사례들을 모아 단서가 될 만한 것들을 찾았다. 신문광고에 실린 사무실부터 찾아갔으나 해당 주소지들은 모두 나대지, 도로, 쓰레기 수거장 등으로 건물의 흔적은 전혀 없었다. 전형적인 대부업 사기라는 생각이 들어 나도 모르게 눈썹이 꿈틀댔다.

'호락호락하지 않겠군.'

이제 급선무는 실마리가 될 하나의 단서라도 찾는 일이다. 수사팀은 전화국에 요청하여 광고에 실린 전화번호에 대한 통신자료를 요청했다. 그리고 무엇이라도 나오기를 초조한 마음으로 기다렸다.

한참 뒤, 전화국에서는 뜻밖의 대답이 돌아왔다.

"그 번호는 휴대전화로 받을 수 있게 착신전환 되어있어요. 휴대전화에 연결된 일반전화번호가 100대 있습니다."

"100대요…?"

번호의 숫자를 듣자 모두 놀란 눈이었다. 단순 사기로만 여겼는데 의외로 규모가 큰 범죄임을 직감했다. 우리는 그 즉시 휴대전화 명의자인 이성주(가명), 수수료 등을 송금받은 계좌명의자 강민수(가명)와 여러 명의 계좌명의자를 파악, 동시에 추적하기 시작했다. 하지만 허탈한 결과만 손에 잡힐 뿐이었다.

"죄다 노숙자라니…."

기껏 밝혀낸 계좌명의자가 범죄에 이용된 노숙자에 불과했다. 누군지 모를 범인에게 실컷 놀림을 받은 기분이었다. 가뜩이나 신고전화로 시달리던 터라 다들 화가 바짝 올랐다.

"그래, 한번 해보자 이거지. 네놈들 싹 다 잡아서 전화기를 부숴 버릴 테다!"

특히 전화 응대로 바빴던 막내의 의지는 평소보다 몇 배는 불타올랐다. 이제 곧 범죄조직과 우리들의 숨 가쁜 숨바꼭질이 시작될 터였다.

노숙자를 내세운 범죄행각은 그 단서를 찾기가 쉽지 않다. 노숙자의 주소로 확인된 주소에 가보면 주민등록이 말소되어 있거나 전혀 거주한 사실이 없는 일이 다반사다. 그나마 다행인 건 세금이나 통신요금 등 각종 고지서에 기록된 연락처를 이용해 통신수사가 가능하다는 점이었다. 그렇게 4개월간의 집중조사 끝에 우리는 예상보다 더 깊숙이 숨어 들어가 있는 범죄조직을 감지할 수 있었다.

대포통장 명의자 중 유일하게 기록된 주소에 거주하던 손민수(가명). 긴급체포한 손민수는 소아마비 장애인이었고, 아들 하나를 둔 기초수급대상자였다. 수사팀은 집안을 수색하여 손민수 앞으로 도착한 제3금융권의 채무변제 독촉장과 다수의 휴대전화 가입자 앞으로 온 통신요금 고지서를 발견할 수 있었다. 그리하여 수사팀은 손민수를 상대로 대출을 받은 경위와 타인 명의의 고지서가 그의 거주지에서 발견된 경위를 추궁했다.

"아이고, 잘못했습니다. 저는 아무것도 모르고 그냥 강 부장 부탁만 들어줬는데…."

손민수의 이야기는 이랬다. 그는 아들과 함께 서울역 대기실에서 우연히 우석(가명)을 알게 됐고, 그를 통해 강 부장이라는 사람을 소개받았다. 강 부장은 얼마간의 돈을 주며 통장개설을 부탁했고 여러 차례 술과 밥을 사주며 호의를 베풀어주었다. 이에 혹한 손민수는 그의 부탁으로 주민등록증사본과 인감증명서를 건네준 것이 범죄에 악용되는 빌미가 된 것이다.

"그럼 다른 사람의 고지서들은 왜 여기 있습니까?"

수사팀장이 추궁하자 그는 떨리는 목소리로 말했다.

"강 부장이 가끔 노숙자들을 데리고 와서 같이 살라고 부탁했어요."

곧이어 수사팀은 통신요금고지서에 있는 용의자의 사진을 보여주며 합숙 여부를 물었다. 손민수는 이성주와 다른 몇몇 노숙자를 짚었다. 또한 노숙자를 모집하는 우석이 가끔 집에 온다는 진술도 늘어놓았다. 그 덕분에 수사팀은 잠복수사로 전환하고 손민수의 집 부근에서 우석을 검거하게 된다. 하지만 우석은 노숙자를 알선하는 매개체일 뿐 사기의 주체는 아니었다. 우리는 그를 이용해 강 부장에 대한 조사를 진행했다.

강 부장, 신원을 알 수 없는 30대 남자로, 노숙자 명의로 가입한 착신전화와 선불폰 등을 인터넷을 통해 사기범들에게 판매하는 역할이었다. 그가 강남구 역삼동과 경기 시흥시 정왕동 등에 사무실이나 노숙인 숙소를 임대해가며 범행해온 것이 밝혀졌으나 명확한 실체를 파악하지는 못했다. 그는 마치 이야기 속에서나 등장하는 도깨비 같았다. 도깨비 강 부장의 실체를 파악하기 위해 우리는 각각의 임대계약서 임차인 신분을 확인하며 용의자들의 인적사항을 하나하나 추적해갔다.

강 씨를 잡기 위한 수사를 진행하는 한편, 대출브로커 사기단의 실체를 파악하는 데에도 집중했다. 손민수의 명의로 대출을 받았다는 'OO머니'를 찾아가 대출신청경로를 입수하고 대출브로커 동현(가명)의 전화번호로 통신수사를 실시했다. 그리하여 마침내 2006년 3월 3일 우리는 동현의 위치를 파악, 그를 체포하기 위해 인천 주안동으로 출발했다.

동현이 거주할 것으로 추정되는 건물 밖. 관리인을 통해 그가 5층을 임차하여 현재까지 회사를 운영하고 있다는 것을 확인했다. 다행히 그는 수사팀의 수사를 전혀 눈치채지 못한 모양이었다.

"비상구와 도주로를 파악하고 원천봉쇄 해! 체포하고 증거물 확보는 신속히 진행한다."

수사팀의 동작이 빨라졌다. 슬그머니 동현이 있는 사무실로 진입하자 팩스 기계음이 분주히 울리고 있었다. 팩스에선 누구의 것인지 모를 주민등록등본과 인감증명서 등이 쉴 새 없이 빠져나오는 중이었다. 그 순간 우리는 이곳이 무등록 대부중개사무실이라는 것을 직감했다.

텅 빈 것처럼 조용한 사무실에는 5명의 남자와 2명의 여자가 각각의 책상에서 무언가에 열중하고 있었다.

"당신들을 '사기 및 대부업법 위반' 혐의로 긴급체포한다. 당신들은 변호사를 선임할 수 있고, 변명할 기회가 있다."

우리는 그들에게 신분증 제시를 요구했다. 그중에는 동현도 있었다. 하지만 이상하리만치 그는 아무런 저항도 하지 않고 순순히 수사관의 지시에 따랐다. 마치 이런 날이 오리라는 것을 알고 있던 사람처럼.

의외로 손쉽게 동현을 체포한 후 나머지 일당들도 같은 혐의로 체포했다. 그들 역시 아무도 도주하려 들거나 이의를 제기하는 사람이 없었다. 사실 이들 6명은 범죄사실이 특정되지 않아 체포할 만한 근거가 부족했었는데도 사탕 물린 아이처럼 순순히 우리를 따랐다. 범죄가 있든 없든 억울하다고 한마디 뱉는 것이 일반적인데 이런 반응은 참으로 희한했다.

"말없이 따라온 이유가 여기 있었네!"

조사를 하자 순한 아이같이 굴던 그들의 정체가 금방 탄로 났다. 모두 기소중지된 수배자로 은둔생활에 필요한 자금 확보 위해 또 다른 범죄를 저지르고 있었다. 2005년 6월부터 각자 상호를 내고 개별적으로 범행을 주도하면서 필요한 상황에서 서로 지원해주는 이른바 범죄조합인 셈이다.

"아따~ 여기 전화 지분은 전부 니들 몫이다."

수사팀장의 장난 어린 푸념이 이어졌다. 실제로 그들은 한동안 우리를 괴롭히던 진정서의 주범들이었다.

그들의 범행수법은 지역광고지와 인터넷 블로그에 대출광고를 한 후 대출을 원하는 사람들에게 수수료 명목으로 1인당 40~160만원을 받았다. 이들 대부분은 제1금융권에서는 정상적으로는 대출을 받기 힘든 사람들이어서 그 점을 악용한 것이다. 그렇게 수수료를 챙긴 후 유령회사 명의로 재직증명서와 급여명세서 등을 위조하여 대출회사의 홈페이지를 이용해 대신 대출신청을 해주는 형태였다. 만약 대출회사에서 재직 여부를 확인하는 전화가 오면 대출신청자가 직장인이라는 허위사실을 확인해주는데 그 방법 또한 기발했다. 재직증명서에 타 지역의 서비스전화번호를 회사대표번호인 양 기재하고 그 전화를 대포폰으로 착신전환하여 전화를 받는 식이었던 것이다. 이처럼 수수료와 노숙자 명의로 대출받는 수법으로 그들은 약 10개월 동안 7억원을 대출받고 1억 4,000만원을 편취했다.

수사팀은 사무실에 있는 각종 유령회사 명의의 명판 고무인과 직인 및 대표자 인감도장, 그리고 551명분의 위조된 재직증명서와 인감증명서 등을 증거물로 확보, 이들을 조사하여 죄질이 불량한 4명에 대해 구속영장을 신청했다.

"다 말할게요! 제가 공범들 잡는 걸 도와드리면 벌을 받는 것도 참작이 되죠?"

동현은 자신의 죄질을 약하게 하기 위해 관련 범죄자들에 대한 정보를 적극적으로 제공했다. 또한 대포통장과 대포폰, 착신전화와 노숙자 대출서류를 공급한 혁준(가명)의 검거를 돕겠다고 먼저 제안해왔다. 대부업 사기꾼들은 조직적으로 긴밀한 관계가 아니었기 때문에 자신이 불리하면 언제든 상대를 배신할 준비가 되어있었다. 그것은 수사팀으로서는 참 다행스러운 일이 아닐 수 없었다.

'이번 기회에 대부업 사기꾼 잔당들까지 뿌리 뽑아야겠다.'

내 나름의 준비도 단단히 했다. 우리는 동현의 도움을 받아 혁준을 잡을 계획을 세웠다. 먼저 동현이 혁준과 접선 날짜를 잡았다. 만약을 대비해 수사팀을 A, B 두 개 반으로 나누어 접선장소에 포진하기로 했다. A반은 도주로 등에 잠복하고, B반은 동현과 함께 접선장소인 인천 주안동에 도착했다. 잠시 후 이어폰으로 수사관의 다급한 목소리가 들렸다.

"용의자 등장!"

그 녀석이다! 우리는 행인인 척 가장하고 동현을 좌우에서 감시한 채 혁준이 다가오기를 기다리고 있었다.

"포위망 좁혀가!"

팀장의 지시에 A반이 소리 없이 일사불란하게 움직였다. 사방이 훤히 뚫린 곳이지만 이렇게 포위망이 촘촘한 상황에서는 쥐새끼 같은 놈이라도 도망치기는 쉽지 않을 터였다.

"지금!"

사방에 흩어져 있던 수사팀이 일순간에 혁준을 제압했다. 마침내 장혁준이 긴급 체포되는 순간이었다. 우리는 장혁준의 오피스텔을 수색하여 증거품도 압수했다. 그도 역시 대포폰과 유한회사[2]명의로 된 통장 등으로 범죄행각을 이어가고 있었다. 이후 장혁준은 동현에게 범행에 사용될 폰과 통장을 공급한 사실을 인정하고, 또 다른 연결고리로 공범 이성복(가명)을 지목했다. 그가 지목한 이성복은 유한회사를 설립·등기하고 유한법인 명의로 된 폰과 통장을 개설해 장혁준에게 공급해주는 역할이었다.

진정서 몇 장으로 시작된 이 사건의 꼬리가 배신으로 물고 물리며 끊임없이 이어졌다. 어느덧 한해가 넘어가고 있었다.

여전히 범죄피해자는 늘어가고 진정서 접수도 끊이질 않았다. 우리는 다시 심기일전하여 장혁준으로부터 얻은 제보로 이성복을

---

2) 50인 이하의 유한 책임 사원으로 조직되는 회사. 사원들은 자본에 대한 출자 의무를 부담하며 회사 채무에 대하여서는 출자액의 한도 내에서만 책임을 진다.

추적해나갔다. 그러나 이전만큼 수사는 순조롭지 못했다. 한차례 그가 머무는 곳으로 추정되는 모텔을 급습했으나 이미 빠져나간 후였다. 우리는 위치추적을 기반으로 그의 동선을 파악했다. 그리고 한 가지 공통점을 발견하는 수확을 올렸다. 이성복이 1~2시간씩 머물렀던 곳이 세무서와 등기소였다는 점.

"아무래도 범죄로 이용하려고 유한회사를 법인 등기하려는 꼼수인 것 같은데요."

수사관 중 한 명이 이야기했다.

"음… 곧 다른 세무서와 등기소에도 나타날 거다. 그때까지 기다리자."

팀장의 말대로 우리는 참을성 있게 이성복의 움직임을 주시해갔다. 2006년 4월 16일 이성복의 위치가 충북 청주시 세무서와 등기소 부근에서 확인됐다. 이를 놓치지 않고 곧바로 청주지방법원 등기소에 전화를 걸었다.

"오늘 한 30분 전 즈음에 유한법인설립등기 신청자가 있었습니까?"

수사팀의 얼굴에 회심의 미소가 지어졌다.

그로부터 3일 뒤인 2006년 4월 19일 오전 7시. 수사팀은 일찌감치 청주지방법원 등기소에 도착했다. 10시면 이성복이 등기서류를 찾으러 오리라! 우리는 그 검거 기회를 놓치지 않아야 했다. 이성복이 일행과 함께 올 것을 대비해 외부에서 사무소 내부가 보이지 않는 곳을 선택해 그를 체포하는 시뮬레이션을 반복 연습했다.

차츰 결전의 시간이 다가오고 있었다. 청사 입구에 4명의 수사관을 배치하고 민원실에 잠복한 팀장이 굳게 입을 다문 채 앉아있었다. 마침내 시곗바늘이 10시를 넘어가던 즈음 등기소 민원실에 20대 초반의 남자 2명이 들어왔다.

"○○유한회사 법인등기부 찾으러 왔는데요."

그 순간, 창구에 앉은 팀장의 눈빛이 달라졌다. 수사팀은 곧장 반응하여 2명의 남성을 순식간에 제압하고 아까 연습한 위치에 엎드리게 했다. 외부의 일행이 볼 수 없는 곳이었다.

"타고 온 차량 어딨어? 같이 온 인원은?"

"검은색 그랜저, 3명 있습니다."

이성복이 떨리는 목소리로 대답했다. 그 즉시 우리는 검은색 그랜저 앞뒤를 차량으로 차단하고 공범 5명을 긴급체포하는 데 성공했다.

이성복의 사기수법은 주도면밀했다. 그는 인터넷에 소액 대출광고를 하고 대출신청자를 만나 손쉬운 대출방법을 알려준다. 대출신청자의 명의를 사용하는 조건으로 50만원을 주겠다고 제안한 후 동의를 받아 그들을 법인대표로 하는 유한회사와 합자회사를 설립한다. 출자금 5,000만원 이상의 돈이 필요한 주식회사 설립은 피하고 출자금이 필요 없는 유한회사와 합자회사를 택한 것이다. 그다음은 등기소와 가까운 곳에 법인소재지로 기록할 사무실을 임대받고 주변 피시방에서 법인설립양식(정관서식, 유한회사설립등 기신청서, 출자자명부, 사원총회의사록, 출자납입영수증, 인수증, 취임승낙서 등)을 다운받아 허위로 작성한다. 이 서류들과 임대차 계약서를 대출신청자로 하여금 그 지역 등기소에서 접수하도록 했다. 그리고 유한(합자)회사의 법인등기부등본을 받아 폰과 통장을 개설해 인터넷으로 연결된 사기꾼에게 공급해주었다.

그는 치밀하게도 특정 등기소를 계속 이용할 경우 꼬리가 잡힐 것을 우려해 수도권과 가까운 경기·인천·강원·충청 일대 여러 곳의 등기소를 이용했다. 이렇게 유령법인 35개를 등기 완료하여 2004년 5월부터 휴대전화 2,000대를 개통, 사기꾼(대출사기)들에게 공급함으로써 2,000여 명의 피해자들로 25억원 상당을 편취했다. 이성복 자신은 5억 6,000만원의 부당이익을 취했다. 우리는 이성복의 일당 9명을 검거하여 4월 21일 공정증서원본불실기재, 사문서위조, 사기방조 등의 혐의로 구속했다.

## 드디어 밝혀지는 도깨비의 실체

"이건 뭐 뿌리 깊은 나무야? 뭐 이리 끝이 없어?"

수사는 한 명을 검거하면 다른 놈이 연이어 수사선상에 오르는 구조였다. 인터넷을 통한 사기의 뿌리가 얼마나 깊은지 새삼 확인하는 순간이었다.

2006년 4월 28일, 이성복과 장혁준이 공급한 통장과 전화번호들을 분석하여 대포폰 개통점을 파악했다. 이 판매점으로부터 가입신청서를 받아 선불폰을 개통해준 대리점은 서울 소재의 ○○○대리점이었다. 우리는 그곳에서 '가입신청서 및 외국인신분증사본' 1만 건을 증거로 확보하였고 그중 2,000건을 증거로 송치했다. 이 과정에서 가입신청서의 개통일시와 통화내역을 분석한 결과 노숙자 모집과 대포물건의 중간 전달책인 탁재철(가명)이 거론되었다. 그는 2~3일 간격으로 대포폰 개통점 중 한 곳에 자주 찾아온다는 이야기를 듣고 해당 점포 사장에게 도움을 요청했다. 그리고 뜻밖의 정보도 얻게 되었다. 통화내역에 탁재철이 강 부장과 통화한 횟수가 여럿 보인 것이다. 이는 중간책인 탁재철이 강 부장의 하수인이라는 뜻이었다. 순간 수사팀장이 침을 꿀꺽 삼켰다. 강 부장이 누구던가. 처음부터 신원이 파악되지 않은 인물 아니던가. 이번엔 반드시 그를 잡아야 했다.

점포 사장의 말대로라면 탁재철이 오기로 한 약속날짜는 5월 3일. 우리는 오후 7시부터 잠복을 시작했다. 40분쯤 흐르자 드디어 그가 나타났다. 수사팀의 잠복은 전혀 눈치채지 못한 모양이었다. 우리는 탁재철이 휴대폰을 넘겨받을 때까지 기다렸다가 문을 열고 들어가 그를 체포했다. 하지만 탁재철로부터 정왕동에 있는 'OOO 정보통신'의 운영자 최용식(가명)의 정보를 입수하여 수사팀은 쉴 새 없이 그에 대한 체포에 나섰다. 최용식이 그동안 휴대폰 대리점을 불법으로 운영하면서 관광목적으로 입국한 외국인들의 외국인 신분증이나 여권사본을 입수하여 그들 명의로 가입신청서를 위조한 뒤 선불폰 2,000대를 개통하여 탁재철에게 넘긴 혐의였다.

이같이 끝을 모르게 연결된 범죄수사는 속도전이 생명이다. 고구마 줄기를 당기듯 빠르게 잡아 올려야 관련 용의자들을 일망타진할 수 있다. 수사에 대해 조금이라도 눈치를 챈다면 감쪽같이 흩어지는 것도 그들 사기꾼의 특징이기 때문이다.

2006년 5월 25일 오전, 수사팀에 한 통의 전화가 걸려왔다. 강 부장의 검거에 협조해달라고 부탁한 휴대폰 매장 사장이었다.

"탁재철이 검거되고 나니 이제는 강 부장이 조승현(가명)이라는 사람을 보낸다고 하네요. 어떻게 하면 좋을까요?"

걱정이 한가득 묻어있는 목소리였다. 강 부장이 보낸 사람이라고 아무런 혐의도 없이 무작정 조승현을 체포할 수 없는 노릇이었다. 수사팀은 궁리 끝에 평소와 같이 휴대폰을 개통해주라고 말하고 접선 일시에 맞추어 퀵서비스를 동원해 그의 등장을 기다렸다. 일단 불시 검문을 해볼 참이었다. 하지만 우리의 예상과는 달리 조승현은 집으로 발걸음을 돌렸다. 하는 수없이 우리도 그의 집으로 가 그와 대면조사를 실시했다.

"저는 아무것도 몰라요. 강 부장이 OO고시원 304호(탁재철이 거주하던 곳)에 가서 통장과 인감을 찾아서 핸드폰 3대를 찾고 기다리라고 시켰어요."

조승현의 소지품에선 개통된 선불폰 3대와 탁재철이 대표이사로 있는 '주식회사OO' 명의의 통장 1개, 그리고 법인인감이 있었다. 그의 말마따나 강 부장의 심부름이라는 게 거짓말은 아닌 것 같았다. 비록 범죄에 가담하지는 않는 단순 중간책일지라도 조승현의 짐 속에서 사건의 증거물이 있는 한 공범으로 판단하지 않을 수 없다고 설명했다.

"네…?"

조승현은 진심으로 억울하다는 듯 입술을 깨물었다.

"정말 아니에요. 저는 강 부장과는 한동네 살던 친구일 뿐입니다. 급한 일이라기에 심부름해 준 것이라고요. 사실 강 부장도 진짜 이름이 아니에요. 그의 이름은 유완종(가명)입니다."

별안간 튀어나온 강 부장의 실체! 너무 갑작스러워 털이 쭈뼛 섰다. 지금껏 강 부장의 실명을 아는 사람이 없어 전혀 누구인지 가늠이 되지 않는 인물이었다. 당연히 추적이 불가능했는데 마침내 그의 이름이 밝혀진 것이다. 실제로 '유완종'에 대해 특정조회하고 조승현으로부터 강 부장과 유완종이 동일인임을 재차 확인받을 수 있었다.

유완종은 여간 영리한 놈이 아니었다. 하지만 제아무리 도깨비처럼 신출귀몰하게 몸을 숨겨도 그의 신상이 밝혀진 이상 놈을 잡는 것은 시간문제였다. 이제 유완종에 대한 수사도 날개를 단 듯 신속하게 진행됐다.

## 범죄는 또 다른 범죄를 낳고

"와, 이번에는 부동산매매알선이야? 참 종목도 다양하셔라."

밤낮 가리지 않는 강도 높은 수사에도 우리는 지칠 틈이 없었다. 또 다른 한편에서 새로운 범행의 흔적이 드러나면서 팽팽한 긴장이 연속되었다. 최용식의 대포폰에서 부동산매매알선 사기의 혐의가 포착된 것이다.

이들과 연결되어 새롭게 등장한 인물 박재상(가명). 탁재철과 최용식에게 대포폰과 통장을 전달받아 박재상에게 넘겨주고 있는 중간 전달책 배동민(가명). 그들은 평소 조심성이 많은 성격이라 장소를 옮겨 다니며 접선하는 것으로 알려졌다. 수사팀은 이에 따라 퀵서비스를 이용한 공작수사를 하기로 마음먹었다.

"유완종이 어제 받은 선불폰 3대를 강북 번동의 노상에서 배동민에게 넘겨주라네요."

수사팀에 협조하기로 한 조승현에게서 연락이 왔다. 우리는 그 즉시 실제 퀵서비스 배달원 2명과 함께 팀을 꾸려 번동으로 출발했다. 접선장소가 훤히 보이는 건물에서 잠복하기로 한 수사팀. 조승현에게 우리가 준비한 핸드폰이 들어있는 박스를 배동민에게 넘겨줄 것을 지시했다.

역시나 조심성이 많은 배동민이었다. 그는 별다른 이상 징후를 발견하지 못했음에도 접선장소를 500m 떨어진 다른 빌딩으로 변경했다. 옮긴 접선장소에서 박스를 넘겨받은 배동민은 오토바이를 이용해 대림동으로 향했고, 퀵서비스 배달원도 신속하게 그를 미행했다. 잠시 뒤 미행원으로부터 그의 위치를 넘겨받은 수사팀은 집을 급습하여 그를 체포했다. 그때 수갑을 찬 채 벽에 기대 창밖을 연신 힐끗거리던 배동민이 뜻밖의 제안을 걸어왔다.

"저는 박재상에게 폰과 통장을 제공하는 중간책에 불과합니다.

저를 풀어주시면 박재상의 집을 알려드리겠습니다."

수사팀은 속으로 쾌재를 불렀다. 배동민은 경미한 가담자에 불과해 사실 구속대상자도 아니었다. 이 제안을 받아들이지 않을 이유가 없었다.

박재상의 주거지와 전화번호를 파악한 우리는 이틀에 걸쳐 잠복과 미행이 이루어졌다. 그가 들어선 것은 문래동의 한 오피스텔. 관리실을 통해 그의 차량이 902호에 등록된 차량임을 확인했다. 조심스럽게 오피스텔로 들어간 우리는 출입문 앞에 배달음식점의 빈 그릇을 발견했다. 대략 4인분에 해당하는 양이었다. 짐작건대 최소 4명 이상의 공범이 거주하고 있는 것이 틀림없었다.

우리는 섣불리 움직이지 않았다. 그날은 음식점 나무젓가락 포장지를 수거해 경찰서로 돌아왔다. 포장지에 있는 번호로 전화를 걸어 확인해본 결과 매일 3~7인분의 음식을 배달시키는 것이 확인됐다. 그리하여 박재상의 조직이 7명 정도일 것이라고 예상하고 다른 팀의 지원을 받아 검거작전에 돌입했다.

수사팀은 총 10명. 2명의 수사관은 지하주차장에 박재상의 차가 주차되어있는지 확인하고, 8명의 수사관은 902호 현관문 부근에 대기하고 있다가 문이 열리면 즉시 급습하기로 했다.

한편, 아무것도 모르는 박재상에게 남모를 전화가 걸려온다.

"아이고, 선생님 죄송합니다. 제가 주차하는 도중에 선생님의 차와 접촉사고를 냈습니다. 내려와서 확인하셔야 할 것 같은데요."

귀찮은 듯 얼굴이 일그러지는 그였다.

"참 성가시게시리…."

박재상이 몸을 일으켜 문의 손잡이를 잡았다. 벌컥 문을 열던 찰라 수사팀의 낌새를 알아차리고 황급히 문을 닫으려 했다. 그때 문틈으로 비집고 들어오는 당구 큐! 수사팀이 이런 사태를 대비해 늘 준비하는 것이었다. 그 덕분에 재빨리 오피스텔 진입에 성공할 수 있었다. 수사팀은 즉시 다량의 증거물을 압수하고 박재상의 집에 있는 범죄수익금 2억도 압수했다.

성공적인 검거 소식. 주차장에서 접촉사고를 위장해 박재상에게 전화를 건 수사관의 얼굴에도 미소가 번졌다.


박재상 일당의 사기수법은 이랬다. 부동산 매도자들에게 부동산 매물을 높은 가격에 매도하고 그 이익을 반씩 나누자며 접근한다. 처음에는 소액의 수수료를 요구하며 가볍게 시작하기 때문에 피해자들은 덫에 걸려들기가 쉬웠다. 그러다 점점 돈의 단위를 높여 돈을 요구했고 피해자들은 그동안의 투자금 때문에 이들의 요구를 거절하지 못하는 상황이 발생한다. 박재상은 이러한 피해자들의 불안심리를 교묘히 파고든 악질 사기꾼이었다. 그간 피해자들은 각종 감정평가비용, 보증보험료 등 여러 가지 명목으로 돈을 주었다. 순간 이상한 생각이 들어 고소나 진정서를 넣었을 때는 이미 그들과 연락이 끊긴 뒤였다.

또한 대출광고를 보고 연락해오는 피해자들에게는 '신용도를 높여 많은 돈을 대출해주겠다'든지 '고액의 마이너스 통장을 만들어 주겠다'는 말로 작업비, 수수료를 받아 챙겼으며 유완종으로부터 대포폰과 대포통장을 넘겨받아 인터넷을 통해 범죄인들에게 범행 도구를 판매하는 등 2004년 1월부터 2006년 5월까지 1,000여 명으로부터 26억을 편취했다.

우리는 박재상과 그 일당, 일명 '영등파' 20명을 검거하여 그중 5명을 구속했다. 이들 사기조직이 사금융이라도 쓸 수밖에 없는 가난한 피해자들의 절박함을 이용했다는 점에서 소름이 끼쳤다. 피해자들의 호소와 깊은 탄식이 우리가 휴일마저도 반납하는 수사에 몰입한 원동력이라 할 수 있었다.

## 범죄의 소굴로 파고들다

영등파를 수사하는 과정에서 동일한 수법의 부동산 매매알선 사기조직이 세 개 더 있다는 사실을 알게 되었다. 대동파와 쌍문파, 여의파가 그것이다. 수사팀은 먼저 대동파 무리의 아이디(이것도 물론 노숙자 등 타인의 개인정보를 이용)를 박재상에게서 알아내고 이에 대한 IP추적을 실시했다. 그 결과 대동파 무리는 대치동의 한 피시방에서 게임을 하는 것으로 확인, 손님으로 가장해 용의자를 물색했다. 그렇게 며칠 동안 용의자를 물색하던 중 같은 일행으로 보이는 2~30대 남자 5명이 눈에 들어왔다. 우리는 일단 그들을 예의주시하며 며칠간 더 동태를 살펴보기로 했다.

피시방을 나간 그들이 향한 곳은 같은 건물 5층의 'OO종합건축주식회사'. 뒤를 밟던 수사팀은 잠시 혼란스러웠다.

'그저 평범한 직장인이었던가?'

그동안의 노고가 헛수고라는 말밖에 나오지 않는 상황이었다. 그래도 여기까지 온 이상 수사팀의 판단과 감을 믿을 수밖에 없었다.

우리는 그들을 며칠 더 예의주시하며 동시에 그들이 사용한 것으로 추정되는 ATM기기의 CCTV를 확보하여 용의선상에 올린 무리와 비교·대조했다. 역시 동일 인물이었다. 그러나 아직 확실한 증거를 잡은 것은 아니다. 용의자를 잘못 검거하게 되면 진범은 그만큼 검거가 힘들어진다. 마지막으로 정확한 확증을 위해 배동민을 다시 한 번 이용하기로 결정했다.

수사팀은 배동민으로 하여금 박재상이 운영하던 인터넷 블로그

의 OO상사로 접속하여 폰과 통장을 공급해달라는 의뢰를 받도록
했다. 무리 중 1명이 배동민을 만나 통장과 폰을 받는 것을 보자
모든 확인 절차를 끝냈다. 이제 치밀한 검거만이 남아있었다.

2006년 7월 18일 12시 45분경, 'OO종합건축주식회사'로 진입
하여 막 출근하는 4명을 긴급체포했다. 하지만 중요인물은 아직
잡기 전이었다. 20분 정도가 흘렀을까… 은색 벤츠 승용차가 갑자
기 오던 길을 되돌려 방향을 트는 것이 보였다. 보스의 차량이었
다. 우리는 다급함에 승용차를 뒤쫓아 운전석 창문을 통해 핸들
을 잡고 외쳤다.

"차 세워!"

다급한 순간은 그도 마찬가지였다. 수사관의 손을 비틀어 핸들
에서 떼어낸 그는 거칠게 차를 몰고 달아났다. 수사팀의 차량도
그를 쫓는 추격전이 시작되었다. 긴장하며 간절한 마음으로 용의
차량을 쫓고 있는데 반대편 차량이 우리의 상황을 짐작이라도 한
듯 용의차량 앞을 가로막았다. 한 시민의 기지로 드디어 질주를 멈
춘 용의차량. 이로써 대동파의 보스 남주석(가명)의 체포도 성공
적으로 이루어졌다.


그런데 뜻하지 않은 문제가 발생했다. 남주석을 검찰에 송치한
후 이 사건을 배당받은 검사의 호출. 검사실에는 검사와 변호사가

마주 보고 앉아있었다.

"일을 어떻게 처리하신 겁니까? 피의자들이 전화통화로만 범행을 했기 때문에 범죄사실에 적시된 사기범행을 하였다는 직접적인 증거가 없지 않습니까? 구속수사는 위법입니다."

예상치 못한 검사의 질책에 팀장의 입매가 살짝 일그러졌다. 범죄수익금을 받은 계좌와 피해자들과 통화한 대포폰이 명백한 증거물로 압수되어 있고, 이미 피의자들이 범행을 자백한 상황이었다. 아무리 퇴직한 선배검사가 변호사로 맡은 사건이라도 수사검사가 피의자들을 적극 옹호하는 모습은 가히 정상적이지 않았다. 팀장이 ATM기에서 녹화된 CCTV 영상 자료를 펼쳐보아도 검사는 요지부동이었다.

"현행범인이나 범행 사실을 목격한 것이 있습니까? CCTV 영상 자료는 모자를 눌러 쓰고 있고 선글라스를 끼고 있어 피의자라고 판단하기 어렵습니다."

팀장은 순간 '아차!' 싶었다. 지난번 대동파 조사 때의 일이 떠올랐다. 어렵게 체포한 남주석과 그 일당들은 이상하리만치 범죄사실에 대해 순순히 자백했다. 그 때문에 마음을 놓았던지 증거물로 압수한 CCTV에 찍힌 옷가지와 가방을 인출책인 이시영(가명)의 처에게 돌려준 일이 있었다. 끝까지 긴장의 끈을 놓지 말았어야 했는데… 범죄사실을 인정한 터라 송치의 불편함을 최소화하고자 했던 일이 화근이 되었다.

'증거물을 폐기하거나 인멸했으면 다 잡은 남주석을 어이없게 풀어줄지도 몰라!'

한시라도 빨리 이시영의 처에게서 옷가지와 가방, 선글라스를 도로 증거물로 가져와야 했다. 팀장은 피의자들의 범행을 밝혀줄 증거물을 찾아오겠다며 황급히 검사실을 빠져나왔다. 급히 이시영의 집에 도착한 수사팀. 다행히 그녀는 점퍼와 모자 등을 세탁하여 옥상에 말리고 있던 참이었다. 우리는 무사히 증거물을 회수하여 증거물을 촬영하고, 이시영에게 점퍼와 모자, 선글라스가 피해금을 인출할 때 착용한 것이라는 자필 확인서를 받았다. 이제 제아무리 부장검사 출신의 변호사여도 어쩔 도리가 없는 확실한 증거였다. 그리하여 2006년 3월부터 2006년 7월까지 피해자 42명으로부터 5억800만원을 편취한 혐의로 주범 남주석과 공범 4명을 검찰에 송치했다.

이번 수사는 부장검사 출신의 변호사가 보스 남주석의 변호를 맡은 예기치 못한 변수를 가진 사건이다. 수사팀은 이번 일을 계기로 '범인의 자백이 있더라도 가능한 더 많은 증거물을 확보해 놓는다'는 원칙을 새겨두었다. 하찮은 실수가 다잡은 범인을 놓칠 수도 있게 한다는 교훈을 얻기도 했지만 검사가 변호사가 되는 순간, 정의구현이 무색한 구호가 될 수도 있다는 씁쓸한 잔상을 남겼다.

후에 남주석에게 구속취소나 보석으로 석방하는 조건으로 7,000만원의 선임료를 받은 변호사는 다시 선임료를 돌려주게 되고, 남주석은 자신의 죄를 무마하려 한 괘씸죄가 더해져 3년형을 선고받았다.

## 은둔의 귀재들 VS 잠복의 고수들

영등파, 대동파와 사기수법이 비슷한 쌍문파. 사기수법이 비슷하다는 것은 사기의 방법을 전수하고 이를 받은 자가 있다는 의미였다. 바로 박재상! 그의 사기수법을 전수받은 조직이 쌍문파의 차상덕(가명)이었다. 이번에는 그들의 검거 순서였다.

하지만 영등파와 대동파의 검거 소식이 노출되자 쌍문파는 범행을 중단하고 모처에 피신 중이었다. 뭐 그렇다고 그들이 영영 활동하지 않을 것은 아니다. 우리는 그들이 오래지 않아 활동을 재개할 것으로 예상하고 추적과 관찰을 게을리하지 않았다. 범인을 기다리는 인내심만큼은 누구보다 타고난 수사팀이었다.

며칠 후 우리가 예상한 일이 그대로 벌어졌다. 쌍문파가 사용하는 대포폰들이 차상덕의 오피스텔 주변 기지국에 모이는 것이 포착됐다. 수사팀은 번동의 오피스텔로 출발해 진상을 파악했다.

"팀장님, 잔챙이뿐인데요."

황급히 도착한 사무실에는 인출책(피해금 인출담당)인 마해석(가명)만이 대포폰들을 충전하고 있었다. 김이 빠지는 순간이었다. 그나마 다행인 건 마해석을 통해 공범의 인상착의와 정보를 파악할 수 있었다는 점이다. 또한 차상덕 등 일당 5명이 2004년 1월부터 장소를 이동해가며 부동산매매알선을 빙자하여 피해자들로부터 돈을 편취해왔다는 진술도 들을 수 있었다. 반면 안타까운 점은 쌍문파에 대한 수사는 차상덕의 잠적으로 서서히 장기화 양상을 띠게 되었다는 사실이다. 쌍문파와 더불어 추적 중이던 여의파 역시 보스 두문식(가명)이 잠적하여 그의 수하인 고현수(가명)만 검거하는 데 그치고 말았다. 수사는 점점 탁한 물길처럼 한 치 앞도 보이지 않는 상황이 되어갔다.

"음… 없네. 사라졌어, 당분간 잡기 어렵겠어."

무당이 세차게 고개를 가로저었다. 팀장의 얼굴이 급격히 어두워졌다. 지푸라기라도 잡고 싶은 심정으로 찾아온 점집이었다.

"진짜 안 보여요? 죽진 않았을 거 아니에요!"

"거 참, 신이 그렇다는데 지금 못 믿는 거야?"

"아니, 내 말은 그게 아니고 답답하니까…."

수사가 막히면 가끔 들렀던 곳인데 나름 용한 점괘를 뽑아내곤

했다. 그러니 이번 점괘에 풀이 죽는 것이 당연한 노릇이었다.

"기다려봐~ 그래, 그래, 다른 놈은 잡겠네."

무속인의 또 다른 점괘를 받아들고 팀장은 유유히 경찰서로 돌아왔다. 실제로 차상덕의 추적은 별 소득이 없었고 대신 조직들을 연계시킨 유완종(강 부장)에 대한 수사에 더욱 박차를 가하기로 했다.

유완종 처 영선(가명)의 소재지 파악. 최근 부산으로 이사한 사실이 밝혀졌다. 수사팀 일부는 급히 부산으로 출장수사를 떠났다. 찜통 같은 부산의 무더위에도 수사팀은 영선의 아파트 주차장에서 잠복근무를 시작했다.

교대 잠복근무 3일째 오전, 아파트로 들어오는 검은색 그랜저 승용차가 눈에 띄었다. 영선과 함께 나온 3~4세 정도의 남자아이가 차량 속 젊은 남자의 품에 안겼다. 순간 무속인의 말이 머리에 스쳐 갔다.

'2~3일 만 잠복하면 유완종을 잡을 수 있어.'

저 남자는 유완종일 게다! 수사팀은 재빨리 그에게 다가가 손목을 뒤로 꺾은 후 신분을 확인했다.

"아씨, 나 유완종 아냐!!"

그랬다. 그는 유완종이 아니었다. 우리가 헛짚은 이는 그의 처남이었다. 그동안의 잠복수사가 헛일이 되는 순간이었다. 예상과 빗나간 검거에 허탈한 기분을 감출 수 없었다. 무속인의 말을 너무 신뢰했던 탓일까…? 용의자를 조금 더 세심하게 관찰한 후 움직였어야 하는데 너무 성급하게 움직인 것이 탈이었다. 결국 우리의 안일한 수사로 때를 놓치고 만 것이다. 그날 오기로 되어있던 유완종은 끝내 나타나지 않았다.

반성은 반성이고 수사팀은 다시 전열을 가다듬었다. 아직 잡아야 할 용의자가 남아있었기 때문이다. 팀장은 어제와는 다른 각오로 틈틈이 차상덕의 주변 인물을 수사해나갔다. 그러던 중 뜻밖의 수확을 얻을 수 있었다. 차상덕과 사실혼 관계인 영자(가명)의 인적사항 확보.

그녀는 차상덕과 혼인신고를 하지 않고 딸을 출산하여 키우고 있었다. 우리는 같은 실수를 두 번 하지 않기 위해 살얼음 위를 걷듯 조심스러우면서도 끈질긴 인내로 치밀하게 수사를 진행했다. 그 덕분에 영자가 거주하는 아파트에 차상덕도 함께 거주하고 있는 것으로 파악됐다.

"3월 12일 작전 돌입한다!"

2007년 3월 12일 차상덕 검거의 날이 밝았다. 이른 아침부터 이어진 잠복. 차상덕이 외출하지 않은 것을 확인한 후 오후 1시가 되는 시점이었다. 동사무소 직원으로 가장한 수사관이 현관문을 두드렸다. 아무런 의심 없이 문을 열어주는 여자, 등 뒤로 들려오는 굵직한 남자의 비명 같은 소리가 뒤섞였다.

"열지 마!"

예민한 차상덕이 이상한 낌새를 눈치채고 문이 열리자마자 화장실로 뛰어들어갔다.

"차상덕! 순순히 문을 열지 않으면 부수고 간다. 아내랑 애 앞에서 못난 꼴 보이지 마!"

수사팀의 묵직한 경고와 부드러운 회유가 함께 했다. 잠시 침묵이 흘렀다. 그리고 화장실 문 너머로 낮은 한숨이 새어 나왔다.

"혐의를 모두 인정할 테니 범죄금액을 줄여 특경법[3]으로만 하지 않으면 수사에 적극 협조하겠습니다."

"그래. 공범인 I와 K 등의 은신처만 불면 특경법으로 의율[4]하지 않을게."

차상덕과 노련하게 거래를 마친 팀장은 어렵지 않게 그를 체포했다. 이와 함께 은신해있던 공범 I와 K도 체포한 후 피해자 51명으로부터 12억 6,000만원을 편취한 혐의로 이들을 구속했다.

---

3) 특정경제범죄가중처벌등에관한법률 : 특정경제범죄에 대한 가중처벌과 그 범죄 행위자에 대한 취업제한 등을 규정함으로써 경제질서를 확립하고 국민경제발전에 이바지하기 위해 제정한 법률.

4) 죄의 경중에 따라 법을 적용함.

수사팀장은 약속대로 차상덕을 특경법이 아닌 사기죄의 경합법(사실상 가중처벌되므로 특경법과 차이가 없음)으로 의율하고 2007년 3월 15일 언론에 홍보한 후 검찰에 송치했다. 이로써 수사가 착수되고 1년여 동안 달려온 긴 여정이 드디어 마침표를 찍었다. 1년 동안 피해자 2,000명으로부터 102억을 편취한 연계조직 59명을 검거하여 그중 30명이 구속되었고, 처음부터 용의자로 지목되어온 은둔의 귀재 유완종 역시 2007년 7월 28일 부산에서 체포, 구속되었다.

어느 때보다 길고 긴 여정이었다. 피해자가 대부분 사회적 약자였기 때문에 한시라도 빨리 범인을 검거하여 피해를 줄이고자 하는 생각이 간절했다. 그 염원이 수사 여정을 지치게 하지 않은 힘이 아니었나 싶다. 앞으로는 이로 인한 피해자가 나오지 않기를 바라는 마음 간절하다.

"부동산 팔아준다"…50억 챙겨

"부동산 팔아준다"…50억 챙겨

증2호

윤모 씨 / 부동산 사기 피의자
무작위로 전화를 걸어요
(누구나 걸려들 수 있다는 거죠위)

우모씨 (피해자)
'감정평가서 필요하니까 감정비를 빨리 보내라, 시일이 없으니까 하는 식으로 유혹을 해서 사기를 칩니다.

윤모 씨 (피의자)
돈에 대한 욕심이 있고 빨리 팔아야 된다는 마음이 있으면 이런 수법에 쉽게 당할 수 있죠.

# 04

//////////////////////////////////////////

## 내 땅 같은 네 땅

**"딩** 동! 127번 고객님."

2007년 1월 31일, 매서운 추위가 한창인 겨울날의 은행 안. 나이 지긋한 남자가 느린 발걸음으로 창구를 향해 걸어온다.

"아… 저기… 저, 통장을 좀 만들려고."

주섬주섬 가방에서 신분증을 꺼내어 내미는 손이 미세하게 떨린다. 이를 놓치지 않고 예리하게 바라보는 창구직원의 눈이 그의 모습을 훑고 지나간다. 말투가 풍기는 인상과 다르게 어수룩해 보이는 노신사였다.

"XX은행에서 처음 거래하시는 건가요?"

"…네? 그… 그게… 그렇죠…"

왠지 말끝을 흐리며 이야기하는 모습이 제 생각 같지 않게 확신이 없어 보였다. 표정에서는 당황함과 난처함이 뒤섞여있었다. 뭔가 불편함을 감지한 은행 직원의 손이 빨라진다. 고객정보검색, 그 결과 '윤상현'(가명)은 현재 XX은행의 VIP 고객이었다. VIP 고객이 VIP룸이 아닌 일반창구에서 통장을 만들며 첫 거래를 한다니…? 누가 들어도 말이 안 되는 이야기였다.

직원은 노신사의 신분증이 위조된 것임을 단박에 알아차렸다. 의심이 확신으로 변하는 순간 더 머뭇거릴 이유가 없었다. 그가 눈치채기 전에 재빨리 112신고 버튼을 눌렀다.

## 숨기려는 자와 밝히려는 자

노신사를 위장한 장진호(가명). 그는 1억 1,000만원을 받기로 하고 누군가의 지시에 따라 통장을 개설하려 했다. 단, 신분증 위조나 통장개설이 무엇을 위한 목적이었는지는 몰랐다가 주범에 대한 정보 또한 전혀 없었다. 장진호는 노숙자로 이번 사건의 단순가담자였을 뿐이었다.

사건은 간단치 않았다. 112로 들어온 신고였지만 석연치 않은 것이 확대수사가 필요해 보였다.

"이 건은 인지수사에 특별한 강점이 있는 경제3팀이 맡아!"

수사과장의 지시가 떨어졌다. 우리는 사건을 받고 장진호를 상대로 2회의 조사를 했다. 주범을 추적할 만한 단서에 집중조사 했으나 그가 알고 있는 거라고는 박 사장이라는 가명과 박 사장의 대포폰 번호가 전부였다.

"거시기 뭐냐… 그 사람들이 내가 옷만 잘 입으면 귀티나 보인다나 어쩐다나. 그러면서 윤상현 땅뙤기를 담보로 대출을 받으면 돈을 준다지 뭐여."

돈의 유혹을 못 이긴 장진호는 그렇게 사기에 가담하게 된다. 그는 박 사장과 이 이사와 함께 움직이며 세탁소에서 양복을 빌려 입고 증명사진을 촬영하는 등 범행을 위한 준비를 차근차근 시작했다. 위조한 윤상현의 신분증을 가지고 이 이사와 경북의 어느 면사무소에 동행한 장진호. 윤상현의 인감증명서를 발급받아 박 사장에게 건넸고 은행에서 피해자 윤상현의 명의로 통장을 개설하려다 덜미를 잡힌 것이다.

수사팀은 계속해서 장진호의 소지품을 수색하던 중 밀봉된 편지 한 통을 발견했다. 홍두식(가명)의 이름으로 〇〇구치소에 부치는 편지. 간단한 안부 외에 특별한 내용은 없었지만, 왠지 모를 꺼림칙함이 느껴졌다.

"여기 홍두식이 누구야? 구치소에 수감된 죄수와는 무슨 관계고?"

장진호는 홍두식에 관해 좀체 입을 열지 않았다. 자신은 단순가 담자라며 순순히 실토하던 그가 입을 꾹 다문 것을 보면 홍두식 또한 깊은 연관성이 있을 거라 추측했다. 우리는 그에 관해 집중 조사를 계속했고 지친 장진호는 결국 은행에 같이 온 공범이 홍두식임을 실토했다. 즉, 박 사장과 홍두식이 동일인이었던 것이다.

"이만하면 수사가 꽤 순조롭네요."

가장 나이 어린 팀원이 다행이라는 듯 말했다. 실제로 홍두식의 인적사항을 알게 된 이상 추적이 편해진 건 사실이었다.

"아, 저놈의 입방정. 니 예전일 기억 안 나나? 마음 풀어지면 그 순간 수사는 끝이다잉."

한 선배 수사관이 어린 팀원을 나무랐다. 그가 무안하게 머리를 긁적였다.

"새겨들어. 수사는 지금부터 시작이야!"

나도 한마디 거들고 우리는 본격적으로 사건 속으로 빠져들었다.

한편, 피해 여부를 확인하기 위해 피해자 윤상현에게 연락했다. 현재 그는 일산에 있던 땅을 팔기 위해 매물로 내놓은 사실이 있었다. 만에 하나 통장이 개설되었더라면 피해자가 소유하고 있던 땅은 연기처럼 사라지고 말았을 터였다.

코도 풀지 않고 남의 땅에 대한 권리를 행사하려 했던 홍두식.

그는 눈앞에서 장진호가 체포되는 것을 보고 재빨리 은행 뒷문을 통해 빠져나갔다. 그 즉시 경주행 버스에 몸을 싣고 대포폰 전원도 끈 채 도피행각을 시작했다.

주변과 고립된 채 며칠을 보냈다. 자신을 향한 수사가 잠잠해진 듯 보였다. 아니, 자신의 정체를 아직 파악하지 못했을 것이다. 홍두식은 전화 없이 보내려니 답답하고 주변 상황도 궁금해 견딜 수 없었다. 그래서 폰의 전원 버튼을 누르게 된다.

"녀석입니다!"

2007년 2월 6일, 드디어 홍두식의 위치가 감지됐다. 생각보다 오랜 기다림은 아니었다. 녀석도 우리보다 끈기 있는 놈은 아니니라. 수사팀은 서둘러 위치추적기가 가리키는 경주의 한 아파트로 출발했다. 그곳은 홍두식의 통화내역에 자주 거론된 수정(가명)의 아파트였다.

우리는 그 둘의 관계를 파악하기 위해 잠복에 돌입했다. 다음날 오전 9시경. 편안한 트레이닝복 차림의 홍두식이 아파트 입구에 나타났다. 그의 움직임을 살피던 수사팀도 조심스럽게 행동하기 시작했다. 차 트렁크에 골프채를 싣고 있는 홍두식. 그의 곁으로 다가가 슬며시 그를 에워쌌다.

"홍두식 씨 맞죠?"

일체 동작을 멈춘 홍두식이 신경질적으로 머리를 헝클어뜨리며 잔뜩 얼굴을 구겼다. 우리는 곧바로 홍두식과 동행해 수정의 집으로 들어갔다. 30대가량으로 보이는 여자가 놀라 풀어진 옷차림을 추렸다. 그녀는 홍두식의 내연녀이거나 사실혼 관계에 있는 것 같았다. 수정의 집에서는 최근 1~2년간 그녀의 명의로 등기한 부동산 등기권리증 11개가 발견됐다. 하지만 안타깝게도 둘이 공범으로 볼 단서나 해당 부동산을 범죄수익금으로 매입했다는 증거나 정황이 없었다. 심증만으로 압수나 구속을 할 수는 없는 일이었다. 대신 우리는 홍두식의 가방에서 찾은 부동산소재지와 그 소유주에 대한 인적사항이 기록된 수첩 2권, 피해자 윤상현의 주민등록 등·초본, 인감증명서 각 5통, 일산에 있는 부동산의 위조된 등기권리증을 압수하고 그를 체포했다.

"저를 놓아주시면 현금 2,000만원을 드릴게요. 적지 않은 돈입니다."

홍두식을 잡아 서울로 올라오는 차 안. 그는 수사팀에 뜻밖의 제안을 한다. 잡혀가는 와중에 거래라니… 이 어이없는 상황에 수사팀은 코웃음을 지었다.

"그럼… 한 분당 이천?"

자신의 제안이 거절당하자 홍두식의 얼굴이 파랗게 질렸다. 그는 끊임없이 눈을 돌리며 수갑에 채워진 손가락을 분주하게 움직였다.

'뭔가 감추려는 게 더 있구나!'

수사팀은 그의 흔들리는 눈빛에서 짙은 여죄의 가능성을 읽고 있었다.

## 단순한 사건 속에 숨겨진 퍼즐

수사경과를 보고하기 위해 찾은 서장실. 서장은 수사팀에게 악수를 청했다.

"오, 경제3팀! 요즘 활약이 대단해요. 여러분의 집념과 수고가 아니었다면 쉽게 잡히지 않았을 범인이었습니다. 끝까지 마무리 잘 부탁드립니다."

서장은 범인 검거의 공을 전적으로 우리에게 돌렸다. 상사의 격려는 경찰에게는 또 다른 보람이자 힘이 된다. 덕분에 우리는 장거리 수사로 인한 피로도 잊고 홍두식을 상대로 밤샘조사를 했다.

"이게 다 장 사장이라는 사람이 시킨 일이라니까요. 전 잔챙이에요!"

자신은 심부름꾼이라며 혐의를 부인하는 홍두식. 그는 원래 공인중개사로 한 부동산사무실에서 6년째 근무를 하고 있었다고 한다. 그러던 어느 날 장 사장이라는 사람이 찾아와 일산에 큰 땅이 매물로 나왔는데 잘만하면 어마어마한 돈을 만질 수 있다고 유혹을 했다는 것이다. 그것에 넘어가 장진호를 섭외, 통장을 개설하러 간 것뿐이라고 했다. 그는 강도 높은 조사에도 계속해서 자신의 혐의를 강하게 부인했다.

"홍두식의 진술이 자꾸 달라지고, 다른 증거가 추가로 발견되지 않으면 송치가 힘들겠는데요…"

상황이 묘하게 꼬여갔다. 더 이상 다른 증거도 추가로 발견되지 않았다. 그러는 사이 구속기간 만료일이 점점 다가오고… 수사팀은 일단 장진호와 홍두식을 공문서위조와 위조된 공문서의 행사, 사기미수 등으로 검찰에 송치부터 했다. 이번 사건처럼 범죄현장에서 현행범인이 체포되고, 공범이 검거·구속되면 경제팀에서는 수사를 종결하는 것이 통상적이었다.

그러나 홍두식의 행동이 여간 의심스러운 것이 아닐 수 없었다. 어딘가 초조하고 무엇을 감추려는 듯 보이는 의뭉스러운 태도, 자꾸 진술을 번복하며 회피하는 말들이 마음에 걸렸다.

"아무래도 홍두식이 진범이라고 내세우는 장 사장 말이야. 거짓말 같지 않나?"

수사팀장은 그의 미심쩍은 행동에 끝내 의심을 거두지 않았다. 장 사장이라는 사람도 전혀 가늠할 수 없는 허구의 인물 같다는 것이 팀장의 판단이었다.

"그럴 가능성이 큰 게 홍두식 통화내역을 보면 장 사장이란 인물로 볼만한 번호가 없어요. 주로 이 이사랑 통화가 많지."

그랬다. 팀장의 추측처럼 주범은 홍두식일지도 모를 일이었다.

"이 이사 한번 파헤쳐봐! 이번 범행과 분명 밀접한 관계가 있을 거야."

우리는 고심 끝에 수사를 계속 진행하기로 마음먹었다. 사라지지 않는 의심은 진실이 밝혀져야지만 풀어지는 법이니까.

두 개의 번호. 이 이사를 위치 추적한 결과 그에게는 제2의 폰이 존재할 가능성이 컸다. 항상 이 이사의 폰과 위치를 같이하는 번호가 있었기 때문이다. 바로 한유덕(가명) 이름으로 등록된 전화번호. 우리는 한유덕의 거처를 탐문하여 그들의 근거지를 파악하기로 했다.

2007년 4월, 수사팀은 한유덕의 집을 방문한 음식점 배달원을 찾아 집에 몇 사람이 거주하는지 물었다.

"한 서너 명은 되는 것 같던데요."

역시 무리를 지어 다니는 것이 분명했다. 검거가 눈앞에 있는 듯 수사팀의 얼굴에 기대감이 가득했다.

"그 집 한 달 전에 이사 갔어요. 한 6개월 살았나?"

오피스텔의 관리사무실에서 들은 입주자 정보는 우리의 기대에

찬물을 끼얹는 것 같았다. 마치 눈앞에서 범인을 놓친 듯한 허탈감으로 젖어들었다. 이제 확인할 데라고는 한곳밖에 남지 않았다. 한유덕의 폰에 저장된 부동산사무실.

부동산사무실 사장은 예쁘장한 외모의 30대 여성이었다.

"기억이 나지 않아요."

여사장은 한유덕이 은신했던 915호에 대해 아무것도 기억하지 못했다. 그 집을 계약하는 데 도움을 주기는 했으나 어디로 이사를 했는지, 계약관계가 어떠했는지 잘 모르겠다는 말만 되풀이했다. 그날 우리는 오피스텔의 명의자 피선호(가명)의 인적사항 확보와 차량번호를 입수하는 것 외엔 별다른 성과를 얻지 못하고 돌아와야만 했다.

## 범죄의 퍼즐이 맞춰지다

한유덕과 피선호, 그리고 범행에 가담한 것으로 보이는 차량번호. 이것만으로는 뭔가 분명한 연결고리를 찾을 수 없었다. 단서가 될 만한 것이 없을까? 생각을 거듭하던 팀장의 뇌리에 문득 스쳐 가는 것이 있었다.

"맞다, 옥션!"

별안간 팀장이 의자를 박차고 일어났다.

"왜요? 팀장님 옷 사시게요?"

한 팀원의 말에 팀장은 그의 머리를 가볍게 때리며 말했다.

"옥션에 공문 보낸 거, 그거 어떻게 됐지?"

얼마 전 한유덕의 통화내역을 조사하던 중 그가 옥션에서 무엇인가 구매한 사실을 알고 협조를 요청한 바가 있었다.

"3월 14일 꽃배달 시켰답니다."

꽃배달의 배송지는 두 곳. 하나는 한유덕의 처가 거주하는 한유덕의 주민등록상 거주지이고, 또 한 곳은 일산의 ○○식당이었다. 식당주인은 30대로 보이는 미모의 여성으로 한유덕은 그녀의 환심을 사려는 모양이었다. 수사팀은 손님으로 가장해 그들의 동향을 살폈다. 그리고는 한유덕을 확인하고 서둘러 빠져나와 길의 양쪽에서 그들이 나타나기를 기다렸다.

마침내 한유덕을 태운 차량이 길 아래쪽으로 향한다. 수사팀은 그들이 눈치채지 못하게 조심스레 뒤를 밟아갔다. C오피스텔 주차장으로 들어가는 차량. 해당 호수에는 용의차량이 두 대임을 확인한 우리는 다음 날을 검거일로 잡았다.

2007년 4월 10일. 지하주차장에 얌전히 서 있는 두 대의 용의차량. 수사팀은 지체없이 407호의 벨을 눌렀다.

"딩동!"

"누구세요?"

귀찮은 투의 사내 음성이 들렸다.

"퀵입니다!"

"아 누가 퀵 불렀어? 빨리 열어줘."

또 한 명의 음성. 그 너머로 게임에 열중인 무리의 소리도 섞여 있다. 그래, 이대로 문이 열리면 그들을 제압하는 일은 오히려 식은 죽 먹기였다. '끼익' 소리 내어 열리는 문. 그들이 저항할 틈도 주지 않고 우리는 재빨리 안으로 비집고 들어갔다.

"신분증 제시해주십시오!"

운전면허증을 내민 사람은 세 명. 모두 수배된 기소중지자로 이들의 체포는 어렵지 않았다. 우리의 예상대로 이 이사와 동일인이었던 한유덕도 홍두식의 공범으로 긴급체포했다.

곧이어 집안 수색에 나선 수사관은 복층으로 올라가자마자 낮은 탄성을 질렀다.

"이런!"

침대에 누워있는 익숙한 여인의 모습. 바로 며칠 전 탐문수사를 벌였던 부동산사무실의 여성이었다. 둘의 관계가 그런 줄도 모르고 이 여자에게 정보를 얻으려 했다니…? 기가 막힐 노릇이었다. 어쩐지 한순간 수사의 흐름이 끊긴 이유가 설명되는 순간이었다.

"네, 맞습니다. 제가 이 이사입니다. 수사에 적극 협조할 테니 여성분은 돌려보내 주십시오. 제 일과는 아무 관련 없는 사람입니다."

여사장을 공모자로 체포하려는 순간 한유덕의 태도가 갑자기 돌변했다. 완강히 혐의를 부정하던 그가 스스로 혐의를 인정하며 그녀를 적극 옹호하고 나선 것이다. 실제로 이들을 조사하며 여사장은 이 사건과 관계가 없다고 판단되어 후에 귀가 조치했다. 반면 한유덕은 홍두식에게 '바지' 역할을 해주면 1억을 주겠다는 제안을 받고 자신의 증명사진을 이용해 토지소유주 K의 운전면허증을 위조하게 된다.

한유덕은 2006년 다른 사건으로 기소중지된 수배자였다. 딱히 할 일이 없던 그는 동네 피시방을 전전하면서 인터넷상의 '기소중지자'라는 카페를 알게 된다. 이는 기소중지된 수배자들이 또 다른 범죄를 계획하며 도움을 주고받는 곳이다. 여기서 '바지(대리인) 구함'이라는 광고를 보고 그해 9월 초에 홍두식을 만난 것이다.

한유덕은 중국 사이트를 이용하여 위조한 신분증으로 부산의 한 동사무소에서 K의 주민등록초본을 발급받고, 경북의 한 면사무소에서 인감증명서 5통을 발급받아 은행에서 K 소유 부동산을 담보로 7억5천만원을 대출받았다. 대출받은 돈은 홍두식이 가져가고 자신은 그중 1억원을 받았다며 대출약정서를 보여주었다. 이에 수사팀은 위조된 신분증과 대출약정서, 컴퓨터를 모두 압수하고 그들을 모두 공문서위조혐의로 검찰에 송치했다.

그들의 범행은 돌이켜보면 정말 주도면밀한 사기였다. 위조신분증으로 피해자가 의식하지 못한 사이에 벌어진 범죄. 자신의 부동산이 남의 손에 팔려 어느 순간 사라지는 것이 아닌가? 피해 사실을 알게 될 때는 이미 늦은 시간일 게다. 그 경우에는 범인을 추적하는 일도 쉽지 않다. 생각할수록 무섭고 경악할 범죄가 아닐 수 없다.

홍두식과 한유덕은 범행을 했던 OO은행에 같은 수법으로 대출사기를 한 적이 있었다. 울산의 한 부동산 소유자 명의로 3억6000만원을 대출받았고, 이 사건의 '바지'는 한유덕 일행 중 한 명이었음이 밝혀졌다.

또한 장진호가 피해자 원 명의로 위조한 운전면허증으로 에쿠스 차량을 4,300만원에 구입, 제삼자에게 4,600만원에 매매한 사실도 밝혀냈다. 장진호는 피해자 김☆☆ 명의 주민등록증을 위조, 그의 명의로 된 부동산 50억원에 대해 매매계약서를 작성하고 계약금 5억원을 편취하기도 했다. 홍두식이 검거된 이후에도 그와 같은 수법으로 일명 '바지'를 계속 모집하여 범행한 사실이 드러났다.

112의 신고에서 지금의 여죄가 밝혀지기까지 무려 3개월의 시간이 흘러갔다. 이번 사건은 공범을 특정하고 추적하여 16억1,800만원을 편취한 일당 11명을 모두 검거하여 8명을 구속하고, 홍두식과 장진호의 명백한 범행계획과 실행한 범죄사실을 입증함으로써 경제팀의 위상을 드높인 일이었다.

# 수사 뒷이야기

이번 사건의 범행대상 물건은 모두 홍두식이 부동산사무실 직원으로 일하면서 고객들로부터 매물과 인적사항 등을 기록한 수첩에서 나왔다. 그러나 이 사실을 수사가 종료된 이후에 알게 되어 더 많은 범죄사실을 특정하지 못한 아쉬움이 남는다.

한유덕이 부동산 소유자들로부터 주민번호가 아닌 생년월일을 입수하고도 신분증을 위조할 수 있었던 수법이 놀라웠다. 그들은 알고 있는 생년월일로 도로교통공단 홈페이지에서 면허번호를 검색하여 위조 운전면허증을 만들었다. 또한 대법원 사이트에서 부동산등기부를 열람하여 부동산에 대한 정보를 얻어 등기권리증을 위조하는 데 이용했다.

홍두식의 처음 죄명은 '공문서위조 미행사와 사기미수'였으나, 한유덕 등의 공범수사 후에 '특정경제범죄가중처벌 등에 관한 법률(사기)위반, 공문서위조 및 행사, 사문서위조 및 행사, 사서명위조 및 행사'로 변경되어 재판을 받았다.

# 05

국경도 양심도 초월한 얌체 가족

"**누**가 그 천하의 나쁜 놈 좀 잡아주소!"

일순간 경찰서 안이 통곡으로 요란해졌다. 머리가 하얀 노인이 금방이라도 숨이 넘어갈 듯한 표정으로 울부짖었다. 물에 빠진 사람처럼 할아버지의 손이 내 손을 꽉 움켜잡고는 파르르 떨고 있었다. 그의 절박함이 신경을 타고 온몸으로 빠르게 전해졌다.

2007년 6월 29일, 처음 경찰서에서 마주한 그의 모습은 수심이 가득한 얼굴로 몹시 초췌한 상태였다. 그간 전전긍긍하며 얼마나 속앓이를 했는지 한눈에 짐작할 수 있었다. 여든을 훌쩍 넘긴 노년의 나이로 이곳에 온 자신의 처지가 한스러운 듯 조사 중 몇 번이고 고개를 숙였고, 종종 일그러진 미간에서는 분노가 엇비쳤다.

"내 돈을 그놈들이 홀랑 가져가 버렸어. 타지에서 먹지도 자지도 않고 모은 전 재산인데!"

할아버지는 좀처럼 흥분을 가라앉히지 못했다. 그의 눈물이 하염없이 뺨을 타고 흘러내렸다. 이대로 있다가는 탈진이라도 할 것만 같아 사건보다 그의 건강이 더 염려스러울 지경이었다. 우선 수사팀이 해야 할 첫 번째 임무는 할아버지를 진정시키는 일이었다.

"그나마 불행 중 다행으로 잘 찾아오셨네요. 그런 나쁜 놈 잡을 수 있는 수사팀은 우리밖에 없어요!"

잠시 할아버지의 낯빛에 안도가 어리다 사라졌다.

"처가 많이 아파 병원에 가야 하는데 진료비마저 없어 병원도 못 가고… 내 신세가…. 그 사기꾼 놈 꼭 잡아주쇼!"

할아버지의 길고 깊은 탄식이 애원과 함께 나지막이 흘러나왔다. 아메리카 드림을 꿈꾸며 미국으로 넘어가 평생 고생하여 만든 전 재산, 그것을 사기로 잃어버린 심정이야 오죽할까? 그 묵직한 사건의 그늘이 수사팀 내부에도 고스란히 어둠을 만들고 있었다.

할아버지의 고소장이 접수된 것은 2007년 5월 25일 경찰청 외사부. 경찰청 외사부로부터 서울지방청을 통해 고소장이 첨부된 민원이 우리에게 하달된 것은 2007년 6월 22일의 일이다. 당시 고소사건을 처리하지 않는 경찰청에서 사건이 전달되기까지 수사가 무산될뻔하기도 했는데 그것은 우리에게도 여간 난감한 일이 아닐 수 없었다.

처음 사건을 하달받은 서울지방경찰청은 고소인의 주거지와 범죄발생지가 미국 캘리포니아 주이고 피고소인은 주거불상으로 더 이상 수사를 진행하는데 어려움을 겪고 있던 터였다. 그것은 곧 사건이 미궁으로 빠질 가능성이 크다는 것을 의미하고 있었다. 수사에 제동이 걸린 서울지방경찰청은 달리 사건을 보낼 곳이 없자 궁리 끝에 고소인의 변호사 사무실 주소 관할경찰서로 하달한 것이 우리 수사팀에게 떨어지게 된 것이다.

---

: 고소인: 박 노인(가명)
: 주소: 미합중국 캘리포니아 주 이하 생략
: 피고소인: 정석구(가명의 이름만 기재됨)
: 내용: 피고소인 정석구가 고소인 박 노인의 미화 180만 불을 가지고 도주
: 증거: 미화 180만불을 이체한 노의 은행 계좌번호 및 캘리포니아 시장이 발행한, 피고소인 정석구의 운전면허증 사본.

---

수사진행은 처음부터 순조롭지 않았다. 고소장에 적혀있는 정석구(가명)는 여느 사기꾼처럼 자신의 신분을 철저히 숨기고 사라져버렸다. 투자약정서에 기재된 그의 이름과 생년월일, 첨부된 운전면허증 사본 역시 위조된 것으로 정석구의 신원을 파악하고 행

방을 찾는 데에는 전혀 도움이 되지 않았다. 사기꾼 정석구는 완벽하게 유령인 셈이었다.

그나마 수사팀의 한 가닥 희망은 정석구가 사금융업체에서 대출받은 미화 120만 불이 흘러들어 간 계좌. 수수료 및 선이자 등을 공제한 금액 102만 불이 국내 한 계좌에 이체된 정황이 포착됐다. 계좌명의자는 노. 새롭게 등장한 노 씨의 존재는 정석구의 실체를 파악하는 데 중요한 인물로 떠올랐다.

"노 씨를 조사하고 정석구와의 관계를 파악해봐!"

수사는 계좌명의자를 초점으로 다시 시작됐다. 그러나 이마저도 잠시 진전이 보이는 듯하다가 막다른 길에 멈춰 서고 말았다. 노 씨의 주민등록이 말소된 지 이미 오래여서 그조차 산 사람인지 알 길이 묘연해진 것이다. 결국 피의자들이 모두 유령처럼 사라져버린 상태여서 사건은 점점 더 오리무중으로 빠져들었다.

'이대로 사건을 접어야 하는 건가…?'

별다른 단서가 나오지 않는 한 이번 사건은 불상자 기소중지[5]가 될 가능성이 농후해져만 갔다. 우리가 사건을 전달받았을 때는 수사가 출발도 전에 종착역에 다다른 셈이었다. 그 실망스러운 사실을 차마 할아버지에게 전할 수 없어 곧 잡을 듯 너스레를 떨긴 했

---

5) 수사를 일시적으로 중지하는 검사의 처분. 피의자나 참고인의 소재불명 등의 사유로 수사를 종결할 수 경우, 검사가 그 사유가 없어질 때까지 수사중지를 결정할 수 있다(검찰사건사무규칙 73조).

지만 박 노인만큼이나 수사팀도 깊은 수렁에 빠져 막막하기는 마찬가지였다. 어디서부터 어떻게 사건의 매듭을 풀어가야 할 것인가? 숙연해진 사무실 내에 수사팀의 탄식이 간간이 섞여 나왔다.

"다들 이런 일 처음 해봐? 세상에 날 잡아가슈 기다리던 범인이 있어? 사기꾼이면 귀신이라도 잡아와!"

팀장의 굵직한 호통에 수사팀의 정신이 번쩍 들었다.

"그래, 막다른 길이면 원점에서 다시 시작하자!"

탄식은 곧 함성으로 바뀌었다. 할아버지의 간곡한 애원을 이대로 묻혀두게 할 수는 없었다. 수사팀의 분위기는 순식간에 반전되어 예전과 같은 투지가 피어오르고 있었다.

## 맹수의 놀잇감이 된 전 재산

"마누라! 이것 좀 봐봐. 어때?"

박 노인은 오려진 신문조각을 파닥이며 펼쳐 들었다. 그의 곁에서 희끗희끗한 머리를 곱게 말아 올린 노령의 여인이 무심한 듯 신문을 받아들었다. 부인은 곧장 돋보기안경을 찾아 끼고는 신문 속 내용을 찬찬히 훑어보았다.

"괜찮을까요?"

그녀는 걱정 어린 눈빛으로 박 노인을 바라보았다. 하지만 그는 확신에 찬 말투로 대답했다.

"에이고, 참…. 해외에서 같은 동포끼리 못 믿으면 누굴 믿고 사나!"

그녀는 고개를 끄덕이며 박 노인의 말에 동의했다. 그는 곧장 신문에 적힌 전화번호를 눌러 통화버튼을 눌렀다. 그렇게 박 노인은 처음 미지의 인물 정석구를 만나게 된다.

때는 2006년 1월, 교민사회 지역광고지인 '교차로'에 실린 '돈을 빌려주면 높은 이자를 지불하겠다'는 작은 광고하나. 정석구가 파놓은 덫은 순진한 노부부의 마음을 몹시 흔들었다. 높은 이자에 대한 욕심에서라기보다 더 이상 돈벌이를 할 수 없는 노부부의 불안함을 교묘히 파고든 것이다.

낯선 땅에서 40여 년이라는 시간 동안 치열하게 버티며 살아온 노부부. 아메리칸드림을 꿈꾸며 미국에 정착하기까지 무척 수고스럽고 탈도 많던 날들이었다.

"무일푼으로 미국까지 와서 아이들 모두 결혼시켰으면 우리도 꽤 성공한 셈이지. 이제 좀 쉬어도 되지 않겠어."

노부부의 꿈은 의외로 소박했다. 분에 넘치는 풍요를 바란 것이 아니라 그저 노후자금으로 쓸 약간의 안정적인 수입원이 필요했을 뿐이다. 그리하여 만나게 된 정석구는 의외로 호감과 정감이 가는 사내였다.

"이 넓은 미국땅에 가진 것 없이 와서 별별 고생을 다 했지요. 처음 식당이나 마켓에서 잡심부름을 했는데 동양인이라 어찌나 무시하고 구박하던지. 그래도 이 악물고 참아서 지금은 살만해졌어요. 이제는 같은 동포끼리 돕고 살자고 투자업을 하고 있습니다."

정석구의 서글서글한 인상과 친근한 태도, 특유의 겸손한 말투에서 신뢰가 묻어나왔고 바지런한 몸놀림에서 지난날 노부부에게 깃든 성실함이 엿보였다. 그 순간 노부부는 그의 말을 믿고 조금씩 현혹되어가기 시작했다.

"제가 개인 및 공장, 식당 등을 상대로 투자를 하는데 워낙 수요자가 많아 급히 많은 돈이 필요하게 됐습니다. 어르신께서 투자해주신다면 부모님께서 주신 귀한 돈이라 여기고 매달 높은 이자를 지급하겠습니다."

정석구의 제안은 조심스러우면서도 자신감이 넘쳤다. 살갑게 다가오는 그의 다정함은 노부부의 마음을 더욱 깊게 흔들었다. 오랜 타향살이의 외로움이 자식들을 다 출가시키고 난 뒤 스멀스멀 찾아오던 찰나였다. 높은 이자보다 오히려 자신들을 친부모처럼 모신다는 그 달콤한 말 한마디가 더 강렬하게 출렁거렸다.

"그래, 좋소! 젊은 양반이 열심히 산다는데 내 자식 같은 마음으로 도와야지."

2006년 1월 24일, 마침내 노부부는 정석구의 운전면허증 사본이 첨부된 투자약정서를 체결한다. 그리고 그 즉시 1만불(1,000만 원 상당)의 돈을 지급하기에 이른다.

"아버지, 이번 달 이자는 잘 받으셨어요? 제가 더 챙겨드려야 하는데… 사업이 잘되면 지금보다는 더 넣어드릴게요."

정석구는 투자받은 돈에 대해 매달 꼬박꼬박 이자를 지급했다.

"아이고, 이걸로도 충분해. 그 돈 쟁여둔다고 누가 100불이라도 주겠어."

성실하게 일을 처리하는 그를 보자 박 노인은 자신의 안목에 높은 만족감을 드러냈다. 어디 그뿐인가. 수시로 자신들을 가족식사에 초대하여 진짜 부모인 양 살갑게 구는 정석구였다. 그 덕분에 노부부는 정석구의 가족과도 깊은 정이 든 상태였다. 그들의 따스함에 홀려 잠시 놓치고 가는 것이 있었다. 그들이 계획적으로 사기를 치기 위해 접근한 사기꾼 가족이라는 사실을 말이다.

노부부는 그들에게 손쉬운 먹잇감이었다. 2007년 2월 11일까지 33차례나 걸쳐 60만불을 정석구에게 투자하고, 그 영수증 명목으로 '뱅크 체크' 33매를 받았다. 정석구는 노부부가 자신들을 완벽하게 믿고 있음을 확인한 순간 맹수같이 매서운 야욕을 드러냈다. 더욱 치밀하고 대담하게, 2006년 9월부터 11월까지 정석구는 그의 가족을 모두 한국으로 입국시키고는 노부부의 재산을 노린다.

"제가 아버님의 노후를 책임질 사업을 하나 가져왔습니다. 캘리포니아에 아파트를 신축하고 분양하는 사업인데 아버지는 전처럼 투자하시고 수익만 챙기시면 됩니다."

처음 보았을 때처럼 정석구는 그저 순진한 사업가의 얼굴로 웃고 있었다. 지금껏 아들처럼 자신들을 살뜰히 보살핀 그가 거짓말을 할 리가 없었다. 박 노인은 정석구의 말에 굉장한 믿음을 보였다.

'캘리포니아 주 정부의 땅 8,000평을 받기로 했으니 여기에 대규모 아파트를 지어 임대사업을 한다?'

생각해 보니 꽤 유망한 사업이었다. 미국에 건물 하나 있으면 내 자식들 노후도 문제없겠다 싶은 노부부였다. 아니, 어쩌면 손자들까지 집안 대대로 평생 먹고 살 걱정을 덜지 않을까. 노부부는 벌써 건물을 얻은 것 마냥 기쁨에 흠뻑 취해버렸다.

"그래! 해보지 뭐. 석구 네가 허튼소리 할 사람은 아니지. 나는 네 말이라면 다 믿는다!"

"그럼요. 복잡하고 어려운 일은 제가 다 할 테니 두 분은 저만 믿고 마음 푹 놓으세요."

정석구는 호탕한 소리로 시원스레 웃었다. 그날 박 노인은 자신들의 부동산을 담보로 사업자금을 대출받을 수 있는 위임장을 그의 손에 넘겨주었다. 그것이 까마득한 벼랑 끝으로 자신들을 밀어낼 일인지는 꿈에도 모른 채.

## 양심을 팔아버린 유령을 잡아라

"아따, 그러니까 정석구 그놈아가 감쪽같이 사라졌다 이거지예?"

평소 인상파라 불리던 수사요원이 화를 삼키지 못한 채 흥분하며 물었다. 박 노인의 고개가 속절없이 떨어졌다.

2007년 4월 19일, 노부부에게 위임장을 받은 정석구는 사금융업체에 미화 120만 불(12억 원 상당)을 대출받고 도망간 후였다. 뒤늦게 그들의 사기행각을 깨달은 부부는 평생 모은 전 재산을 한순간에 날리고 할머니는 쓰러져 몸져눕는 처지가 되고 말았다. 심지어 병원에 갈 돈조차 없어 이래저래 속앓이하다가 결국 자식에게 속내를 털어놓으며 사건 수사가 진행된 것이다.

"그놈아를 팍! 어디 손 될 곳이 없어 부모 같은 분의 주머니를 털어. 내 손에 잡히면 아작을 낼 겨!"

할아버지의 이야기에 수사팀 역시 가슴 아프고 안타까웠다. '믿는 도끼에 발등 찍힌다'고 같은 동포로 자식같이 아꼈던 이가 알고 보니 연약한 살을 물어 파고드는 짐승인 것이었다. 먼 이국땅에서 모진 설움을 이겨내고 모은 재산이 아니던가. 노부부의 한평생을 그런 짐승이 날리게 해서는 안 되겠다는 생각이 먼저 앞섰다. '반드시 범인을 잡아 할아버지 앞에 사죄하게 하리라!' 우리는 거듭 다짐하며 신속하게 수사에 착수했다.

수사팀을 각각 수사 1반과 2반으로 나누어 1반은 계좌추적을 맡고, 2반은 인적사항이 특정된 노 씨부터 신상을 파악하여 추적해나가기로 했다. 그리하여 2007년 6월 30일 수사1반은 노 씨 명의의 계좌에 대한 전반적인 거래내역을 면밀히 파악하고 압수수색영장을 신청해 압박조사를 했다. 수사2반은 정석구가 노 씨에게 고액을 송금한 사실을 토대로 그 둘의 관계가 깊이 연관되어 있다고 판단했다.

"노 씨에 대한 주민등록 등·초본, 호적등본(가족관계증명원), 재적등본 등을 샅샅이 뒤져서 친인척 관계를 살펴봐!"

이틀에 걸친 강도 높은 조사가 이루어졌다. 노 씨의 소재는 은평구의 한 동에서 2000년도 주민등록이 말소된 사실이 확인되었다. 하지만 다행히 재적등본을 통해 노 씨에게 2남 1녀의 자녀가

있다는 것을 파악, 그 자녀들에 대한 주민등록관계를 구청에 사진
자료와 함께 요청했다. 그 결과 마침내 범인을 파악할 중요한 단서
가 포착됐다.

"바로 이거지. 네놈이 도망가 봤자 독 안에 든 쥐다!"

노 씨의 장남인 W, 그가 정석구와 동일 인물임이 밝혀진 것이
다. 마침내 유령의 실체가 한 꺼풀 벗겨지는 순간이었다.

범인의 신분이 명확해지자 수사팀의 분위기는 한껏 고조됐다.
당장에라도 노부부를 울린 가족사기단을 잡을 수 있을 거란 확신
에 수사는 활기를 더해갔다. 제아무리 감쪽같이 사라진 범인이라
도 잡는 일은 이제 시간문제였다.


"하, 징허네. 10억이나 되는 돈을 3일 만에 인출해갔다고? 그것
도 창구에서?"

수사1반의 계좌 추적결과, 미국에서 송금된 돈은 모두 현금화되
어 빠져나간 사실이 드러났다. 자그마치 10억원이나 되는 큰돈이
강남구 역삼동 일대 은행 20여 곳에서 야금야금 인출된 것이다.
발 빠르게 계좌를 정리한 탓에 계좌추적으로는 더 이상 W에 대
한 단서를 얻기 어려웠다. 이를 보더라도 정석구 일행은 상당히 조
직적이고 계획적으로 범죄를 모의했음이 분명했다.

잡힐 듯 잡히지 않는 시간이 계속되었다. 이제는 수사2반의 조

사가 성과가 있기를 기다리는 수밖에 없었다. 다시금 수사팀 내에는 초조하고 무거운 침묵만이 하염없이 흘렀다.

"오, 여기! 찾았어요. W의 남동생 명의의 빌라!"

마침내 침묵을 깨는 반가운 단서가 나타났다.

"오케이! 출동하자!"

수사2팀은 서둘러 성남 분당의 한 빌라로 달려갔다. 사전 계획된 범죄는 꼬리 자르듯 재빨리 행적을 감추기 때문에 단서가 잡히면 그 즉시 행동해야 한다. 우리는 2006년 10월에 전입신고 된 주소에 한 가닥 희망을 실었다.

"또 허탕인 건가…?"

좀 전의 기대는 온데간데없이 사라졌다. 우리가 도착한 빌라는 텅 비어있었을 뿐만 아니라 인적이 드나든 흔적조차 보이지 않았다. 다만 엄청난 양의 세금고지서와 우편물만이 수사팀을 조롱하듯 기다리고 있었다.

"저 반지하? 에이, 사람 안 든지 오래여."

혹시나 누구라도 한 명 정석구 일행을 본 이웃이 있을까 탐문조사를 하였으나 이 역시 허탕이었다. 주변 상가 사람들 역시 그들을 기억하는 이가 전혀 없었다. 과연 그들은 잠시라도 여기에 살았기는 한 것일까?

우리는 일말의 단서라도 찾기 위해 우편물을 모두 수거해 왔다.

수사는 다시 원점에서 시작되었다. 이 많은 우편물들 중에 놈을 잡을 단서 하나쯤은 있으리라. 우편물에 빼곡히 박힌 글자 하나마다 온 신경을 곤두세웠다. 잠시 뒤 누군가의 손에 우편물 하나가 번쩍 들렸다.

"건강보험공단에 W의 연락처를 확인해보죠."

건강보험료 미납분 독촉장에 W의 휴대전화번호 일부가 적힌 것이 눈에 띄었다. 우리는 건강보험공단으로부터 받은 W의 전화번호에 대해 위치추적을 실시했다. 다행히 휴대전화는 W가 한국으로 입국한 즉시 개통된 것이라 실제로 그가 사용할 가능성이 컸다. 지난했던 수사의 실마리가 서서히 풀려가고 있었다. 이제 우리에게 남은 일은 거침없이 범인을 향해 달리는 일뿐이었다.

## 끝날 때까지 끝난 게 아니다

2007년 7월 29일, 위치추적기의 빨간 점이 한곳에 머물렀다. 이동이 없다는 것은 좋은 징조다. 범인이 예측 가능한 행보를 보인다는 뜻이므로.

"범인의 위치가 확인된 것 같습니다."

우리는 곧장 위치추적기를 따라 용인 기흥으로 출발했다. 신축 분양한 지 얼마 되지 않은 한 아파트단지. 그곳에는 진짜 범인이 있을까? 예전같이 허탕을 치는 일은 생기면 안 될 노릇이었다. 수사팀은 신중의 신중을 기했다.

다행히 아파트단지는 입주를 시작한 지 얼마 되지 않아 입주자를 찾는 일이 그리 어렵지 않았다. 우리는 관리사무소에서 입주자 카드를 일일이 살펴보았다. 긴장한 탓인지 카드를 넘기는 손에 자꾸만 힘이 들어갔다.

"팀장님, 이거 W 동생 이름이 맞는 것 같은데요?"

"여기도 찾았습니다. W의 아내가 맞아요."

미꾸라지처럼 용케도 숨어있던 범인들의 이름이 여기저기에서 튀어나왔다.

'아, 마침내 찾았구나!'

드디어 검거가 눈앞으로 다가왔다.

"팀장님, 확 치고 올라가 싹 다 잡아뽑죠."

험상궂은 표정의 인상파 수사관이 말했다. 솔직히 모든 수사팀의 마음이 그와 같았다. 잠시 골똘히 생각에 잠긴 팀장은 신중한 목소리로 대답했다.

"오늘은 일단 철수하자."

"와요? 범인이 코앞인데…."

몇몇 팀원이 흥분한 그의 등을 두들겼다. 일당을 전부 검거하는 것이 조급함만으로 될 일이 아니었기 때문이다. 눈앞에 범인을 두고 차마 발걸음이 떨어지진 않았지만 마음을 차분하게 가라앉히고 나머지 상황을 정확하게 파악하는 것이 무엇보다 중요했다.

또다시 24시간의 잠복수사에 돌입했다. 한 달 전 가족사기단은 해당 아파트에 동시 입주한 것으로 조사됐다. 우리는 그들이 등록한 차량번호를 확보하여 지하주차장을 수색해나갔다. 101동 지하주차장과 102동 주차장에서 W의 캐딜락 차량과 동생의 BMW 차량을 쉽게 발견할 수 있었다.

"이런 나쁜 놈의 새끼들. 누군 병원에 갈 돈도 없는데 뺏은 돈으로 외제 차라니!"

걷잡을 수 없는 분노가 치밀어 올랐다. 하지만 이럴 때일수록 더욱더 차분하게 대처해야 한다. 치밀한 검거 계획과 실행만이 우리에게 주어진 권력이자 그들을 벌할 기회였다.


2007년 7월 30일 오전 10시, 그들을 단죄할 시간이다. 우리는 W가 거주하는 아파트단지에 도착했다. 수사팀은 W가 있을 것으로 보이는 101동과 그의 동생이 거주할 것으로 보이는 102동을 2팀으로 나누어 진입했다.

"딩동!"

"누구세요?"

"네, 동사무소에서 거주자 실태조사 나왔습니다."

"삐리리~"

문이 열리기가 무섭게 안으로 뛰어들어갔다. 방안에는 W의 모친 노 씨와 그의 처, 그리고 아이들이 있다가 놀란 눈을 한다. 그러나 정작 W의 모습은 어디에도 보이지 않았다.

"경찰서에서 나왔습니다. W 지금 어디 있습니까?"

"뭐야? 여기 그런 사람 없어!"

노 씨가 날 선 목소리로 소리를 질렀다.

"여기 있는 거 다 알고 왔어요. W는 사기죄로 고소된 상태이며, 노OO 씨도 공범으로 체포합니다."

우리는 노 씨를 긴급 체포하고 집안을 수색하기 시작했다. 바로 그때였다. 아이들 방으로 보이는 작은방에서 미미하게 인기척이 새어 나왔다. 작은방에는 컴퓨터 게임화면이 일시 중단된 채 켜져 있는 상태였다. 그 옆에 급하게 비벼 끈 것으로 보이는 담배꽁초도 보였다. W가 틀림없었다.

'현관이 아닌 다른 통로로 도주했을까?'

다급히 피한 흔적을 보아 집 안에 숨어있을 가능성도 컸다. 우리는 일단 집안을 구석구석 살피기 시작했다. W와 현금을 찾는 일에 열중했지만 여전히 무엇 하나 눈에 띄는 것은 없었다. 마지막

남은 곳은 주방. 주방은 현금을 숨기기 좋은 장소이기도 하다. 먼저 가장 눈길이 간 곳은 뒤퉁스럽게 튀어나온 냉장고였다. 하지만 아무리 빛을 비추어 앞뒤를 살펴도 좀체 단서 될 만한 것이 나오지 않았다. 다 잡은 범인을 놓친 것만 같은 허무함이 밀려왔다. 수사팀의 어깨가 다시금 무겁게 내려앉았다.

"하, 녀석은 튀었나 보네…."

짧은 탄식이 새어 나왔다. 그렇게 체념하고 돌아서려던 순간, 섬뜩한 눈빛 하나가 뚫어지게 쳐다보는 것이 보였다. 묘한 희열이 세포의 감각 하나하나를 깨우는 느낌이었다. 그것은 반대편 벽에 붙어 나를 노려보더니 이내 놀라는 듯 주춤거렸다.

"너 맞지? W!"

망설일 새도 없이 그의 뒤통수를 치고 팔에 수갑을 채웠다. 쥐새끼마냥 숨어있던 정석구의 유령이 마침내 살아 끌려가는 꼴이 사뭇 통쾌했다. 한편으론 할아버지에게도 약속을 지킨 것 같아 뿌듯함을 감출 수가 없었다.

"아니, 글쎄, 나는 오히려 할아버지한테 110만 불을 빌려준 거라 니까."

경찰서에 도착한 일가족 사기꾼은 모든 범행 사실을 부인했다. 오히려 큰소리로 자기의 억울함을 호소하기까지 했다.

"저는 아무 잘못이 없다고요. 그 영감이 내 돈을 빌려 가놓고 갚지를 않았다니까. 그래서 내가 그 영감 부동산을 담보대출 받은 거 아닙니까. 정당하게 내 돈을 돌려받은 건데 그게 죄요?"

수사팀이 내놓은 명백한 증거 앞에서도 W는 자기가 무고하다는 주장을 굽히지 않았다. 얼굴색 하나 변하지 않고 한결같이 자신의 결백함을 주장했던 W는 조사 결과 이번이 첫 사기가 아니었다. 1999년부터 사업자금을 빙자하여 다른 사람들로부터 돈을 빌려 자신의 가족과 동생 가족들을 미국으로 출국시켰던 것이다.

피해자들의 고소로 지명수배에 오르자 해외도주를 시도한 W. 그는 위조한 여권으로 2002년 2월 1,000만원을 소지하고 미국으로 출국하여 가족과 합류했고 그곳에서 슈퍼마켓 잡일부터 시작했다. 하지만 남의 돈을 갈취해 물 쓰듯 했던 버릇이 남아 적은 수입으로는 그의 욕심을 채울 수 없었다. 그것이 결국 그와 그의 가족이 글로벌 금융사기단으로 발돋움하게 되는 시작점이었다.

2005년 11월, W는 브로커에게 3,000불을 주고 정석구 명의로 위조한 캘리포니아 주 운전면허증을 취득한다. 그 면허증으로 택시 운전을 시작하며 성실한 이민자의 얼굴로 가면을 쓴다. 그리고 한편으론 사채업에 착안해 교민들을 상대로 일수 돈놀이를 하기에 이른다. 이러한 그들의 사기는 순박한 노부부를 만나 전 재산을 가로채고 도주하며 끝을 맺는다.

　2007년 5월 20일 국내에 입국한 W는 영악하게도 출국 전 기소중지로 지명수배된 내역을 해제하기 위해 피해자들을 만났다. 그들에게 편취한 금액에 대해 이자까지 넉넉히 주고 합의하여 고소취소장을 받아든 그는 경찰서에 자진 출석하여 불기소(혐의없음) 의견을 끌어내어 자유로운 몸이 되었다.


　"경찰 양반, 우린 아무것도 몰라요. 아픈 몸 건사하기도 힘든데 사기가 웬 말이야?"

　공범으로 잡혀 온 노 씨도 발뺌하기는 마찬가지였다. 범죄수익금을 송금받고 그 즉시 수표로 인출, 현금으로 교환하며 적극적으로 범죄에 가담한 정황이 드러났음에도 불구하고 노 씨의 뻔뻔함은 계속됐다. 말소된 주민등록을 재등록하지 않은 이유에 대해서는 거액의 외환을 송금받은 데 따른 세금부과를 막기 위한 것이라고 주장했다. 하지만 범죄 가담 여부는 적극 부인했다.

이는 W의 처도 입을 맞춘 듯 보였다. 그녀는 남편으로부터 송금받은 돈으로 국내 정착을 위해 적극적으로 대비한 증거가 나온 상태임에도 이 사건에 대해 아는 바가 없다고 강력히 진술했다.

'아빠 일 드디어 성공! 역사적인 날! 미국에서 102만 불'

그녀의 가계부에 기록된 메모를 보더라도 충분히 공범으로 볼 만하였으나, 아쉽게도 발생지가 해외이고 참고인 등 주변인을 수사할 수 없다는 이유로 입건되지는 않았다. W의 동생 또한 미국과 한국에서 형의 심부름을 해준 대가로 아파트와 차량을 받은 것뿐이라고 주장했다. 고소인을 속여 받은 돈이라는 사실은 전혀 몰랐다고 공범 사실을 부인했다.

고소인의 진술과 자료로 보아 W 일가족의 사기범행이 명명백백하게 드러났지만 그들은 전혀 반성의 기미가 없었다. 오히려 사전에 철저히 부인 또는 묵비권행사를 모의했고, 발생지가 해외라는 점 등을 교묘히 이용하여 수사진행을 어지럽혔다. 결국 W만 구속 기소되어 검찰에 송치하면서 사건은 마무리되었다.

이는 수사팀 내에서도 다소 아쉬움을 남긴 일이었다. 공범자가 모두 구속되었더라면 더할 나위 없었을 터였다. 하지만 이런 경우 모두 입을 맞춰 대비해놓은 터라 아쉽지만 W의 구속만으로도 큰 성과라 할 수 있다. 해외에서 벌어진 사기사건의 경우 목격자나 도주로를 제대로 파악하기 힘들어 범인 검거까지는 오랜 시일이 걸린다. 이점을 아는 사기꾼들이 동포를 반기는 마음을 범죄로 악용하는 것이 안타까울 따름이다. 무엇보다 박 노인처럼 평생을 성실하게 산 분이 노년에 억울한 일을 당한다면 얼마나 괴로울 것인가. 다행히 이 사건은 노부부의 일을 내 부모의 일처럼 여겨 수사한 결과 얻어진 쾌거라 할 수 있다.

사건이 해결되고 난 후에 고소인 할아버지의 딸이 우리를 찾아와 감사인사를 전했다. 그때의 기쁨은 내가 이 일을 하는 이유와 보람이 되어주었다. 사기꾼들이 세계 어디에서 활개를 치더라도 우리는 지구 끝까지 쫓아가 그들을 법 앞에 세우겠노라고, 다시금 의지를 다지는 계기였다.

# 80대 재미교포 재산 가로채

# 호화판 생활 암체母子 입건

 80대 재미교포의 전 재산을 가로채 외제차를 구입하는 등 호화생활을 한 암체 모자가 경찰에 붙잡혔다. 서울 수서경찰서는 2일 미국에서 '고수익을 보장한다'며 재미교포 최모씨(84)를 꾀어 180만달러를 가로챈 김모씨(42)를 특정경제가중처벌법상 사기혐의로 구속했고, 김씨의 어머니 정모씨(65)는 불구속 입건했다.

이들은 지난해 1월쯤 미국으로 출국, '고이율의 이자를 보장한다'며 투자를 유도하는 광고를 했다. 최씨는 이를 보고 김씨에게 60만달러를 넘겨줬다. 김씨는 이어 "캘리포니아주 정부 땅을 받을 수 있다"며 최씨의 남은 재산 109만달러도 가로챘다. 아들은 이 돈을 갖고 귀국해 40여평의 아파트와 외제 승용차를 구입하는 등 호화로운 생활을 했다. 이들을 잡기 위해 국내에 입국한 최씨는 "아내가 지금 병원에 입원했는데 입원비도 없어 고생하고 있다"며 울먹였다. 임지선기자

# 수사 뒷이야기

: 이 사건은 2007년 8월 2일 방송 3사 등 각 언론사에서 '80대 재미교포 재산 가로채 호화판 생활 얌체 母子 검거'라는 제목으로 보도되고, 뉴스를 접한 미국 현지 방송사도 이를 보도하였다.

: 이 사건을 송치받은 검사는 W의 죄질이 매우 불량하다고 판단, 담당 수사관 으로 하여금 캘리포니아 주 운전면허시험장에 공문을 보내 운전면허증 발급 여부를 확인하도록 협조(지휘) 요청하여 위조 사실에 대한 증거를 확보했다. 그뿐 아니라, 수배되었던 사건에 대해 합의 후 고소취소를 받고 그 경찰서에 자진 출석하여 무혐의 처리했던 사건까지 병합하였으며, 출국 당시 여권의 위조 및 행사죄에 대해서도 추가 인지·수사하여 피고 W에게 징역 6년10월 을 선고했다. 검찰과 경찰 모두 죄를 지으면 반드시 처벌된다는 일벌백계(一 罰百戒)의 수사 의지를 보였던 사건이다.

# 06

경제수사팀이 밀수까지 잡나요?

## 밀수조직, 그 추적의 시작

서울의 한복판 종로. 전국의 혼수예물의 80%가 공급된다는 보석도매상가 밀집지역. 그곳의 어두운 이면은 다이아몬드 밀거래이다. 다이아몬드는 가격경쟁이 치열한 데다 정부가 높은 관세를 유지하는 물품이다. 그 때문에 암암리에 밀거래가 성행하여 시중에 유통되는 다이아몬드 중 90%는 밀수품일 정도이다.

2007년 5월 12일, 우리는 이에 대해 본격적인 수사에 착수하게 된다. 그것은 바로 한 통의 전화를 받은 후부터였다.

"따르릉～"

점심시간의 정적을 깨고 경찰서에 걸려온 전화. 낯선 남성의 갈

라진 목소리가 수화기 너머로 들려온다.

"저… 거기가 경제수사 하는 데 맞죠?"

"네, 그런데 무슨 일이시죠?"

"혹시… 밀수, 그런 것도 제보받나요?"

"밀수요?"

놀란 수사관의 손에서 뜨거운 커피가 쏟아졌다. 황급히 책상을 닦으며 그는 수화기에 귀를 더욱 밀착시켰다. 사내의 제보는 상당히 구체적이었다. 하지만 증거자료가 없고 공개적인 진술 또한 거부하는지라 정식수사에 들어갈 것인지 논의가 필요했다.

"밑져야 본전이지. 허위제보라 하더라도 하루만 지켜보면 되지 않겠어."

하긴 그랬다. 증거 있는 수사가 몇이나 됐던가. 범죄에 대한 제보가 온 이상 확인하는 것은 당연한 일이었다.

다음 날 수사팀은 무작정 세운상가 횡단보도에서 제보자가 말한 180cm 정도의 키에 호리호리한 체형을 가졌다는 허 사장이라는 남자를 기다렸다. 세 시간쯤 흘렀을까. 허 사장으로 짐작되는 남자가 까만 비닐봉지를 들고 나타났다. 각이 진 모양의 형태를 보아 돈다발로 추정됐다. 제보자가 말한 그대로였다. 이렇게 되면 수사팀은 더 이상 망설일 필요가 없었다. 밀수는 엄연한 범법행위이며 밀수집단 또한 뿌리 뽑아야 할 대상이 분명하다. 정직과 양심이 바로 서기 위해서라도 밀수는 근절되어야 할 사회악이었다.


## 수사팀, 종로 점포의 주인이 되다

주변 상인처럼 변복한 채 매일같이 허 사장의 동태를 살핀 수사팀. 가장 먼저 통신허가를 받을 수 있는 증거를 모아야 했다. 그러기 위해 우리는 소형 캠코더가 담긴 가방을 들고 허 사장의 일거수일투족을 감시하기 시작했다. 그렇게 시간이 흘러 발견된 빌딩 1층의 허 사장 아지트. 아지트를 발견했다는 기쁨도 잠시, 허탈한 기분에 휩싸였다.

"뭐, 이런 깜찍한 반전이…? 출입문이 네 개네. 이래서야 허 사장이 동서남북 어디서 들어왔다 나가는지 알 수가 있나. 점포 안도 보이지 않고."

그의 아지트는 그야말로 완벽하게 외부의 시선과 차단된 곳이었다.

"그러니까 뭔가 더 범죄의 냄새가 나지 않아요?"

막내의 입방정이 또 도마 위에 올랐다.

"마~ 니는 범죄의 냄새가 풀풀 풍겨서 좋은가비네. 니 혼자 마~

이 맡아라!"

선배 수사관은 철없는 아이를 보는 것처럼 혀를 끌끌 찼다. 그러고는 내게 한마디 던졌다.

"이기서 다이아몬드가 어찌 거래될 긴지 파악하기는 힘들 것 같네예."

그의 말이 일리가 있었다. 얼마간 허 사장의 뒤를 종일 쫓아다녀도 밀거래에 대해서 좀체 가늠하기 힘들었다. 허 사장은 의외로 치밀한 범죄자이거나 괜스레 모함받는 결백한 상인, 둘 중 하나였다.

2007년 5월 28일. 허 사장이 다이아몬드를 밀거래하는 증거는 여전히 나오지 않았다. 궁리 끝에 수사팀은 허 사장의 아지트 맞은편 점포에 중고폰 수집상으로 위장해 잠입하기로 했다. 허 사장에 대한 통신허가서도 신청해놓았으니 조만간 그의 진면목을 볼 수 있으리라. 우리는 잠복의 성과를 사뭇 기대하고 있었다.

오전 8시쯤 허 사장의 동생인 허준서(가명)가 출근한다. 그는 어딘가로 국제전화를 하고 오전 10시 이후에는 30~40대 남자들이 점포에 모여 돈다발을 주고 간다. 허 사장은 외출하고 돌아오면 어김없이 까만 비닐봉지가 그의 손에 들려있다. 그것을 큰 봉투에 옮겨 담고 세운상가 남쪽에 있는 출입문으로 나갔다가 금세 빈손으로 돌아오곤 한다. 그것이 우리가 관찰한 허 사장 형제의 일과였다. 분명 무언가 거래하고 있음이 확실했다.

하지만 이렇다 할 물증은 전혀 보이지 않았다. 눈앞에서 밀수자들과 밀수품들이 분주하게 오고 가는 것이 보이는데도 당장 그들을 검거할 명분이 없어 안타까웠다. 허 사장의 통화내역서도 밀거래에 대한 정황은 충분히 짐작하고도 남았다. 120명 정도의 일정한 번호와 통화를 하였고 통화 상대가 모두 일대 금은방인 것으로 보아 다이아몬드 밀거래자들인 것으로 추정됐다.

수사팀은 허 사장에 대한 미행과 통화내역 조회 등을 통해 밀수에 관여한 금은방 97개와 나까마(점포 없이 일하는 보석상) 20명을 특정했다. 그러나 다이아몬드가 어떤 루트를 통해 허 사장에게 전달되는지 그가 들고 간 돈봉투는 어떻게 전달되는지는 여전히 오리무중이었다. 확실한 증거 하나가 너무도 간절했다.

## 수상한 거래와 저승사자의 방문

2007년 7월 2일. 장마철이 시작되려는지 연일 비가 내렸다. 눈앞에 허 사장은 연신 밀수를 멈추지 않았지만 수사는 그다지 진전이 없었다. 그래도 다행히 밀수 정황은 입수되어 수사는 훨씬 체계적이고 안정적으로 이루어졌다. 이제는 다이아몬드의 밀수 방법과 허 사장이 현금을 어떻게 처리하는지에 대한 추적이 주요사안으로 남아 있을 뿐이었다.

또다시 잠복 미행이다. 남쪽 문에 대기하고 있던 수사관에게서 다급한 무전 소리가 들린다.

"허 사장이 검은 오토바이와 접선하는데요!"

"누군지 알아볼 수 있어?"

"아니요, 헬멧을 쓰고 있어서 식별이 불가능합니다."

다시 나타난 의문의 검은 오토바이 사내. 그가 도착하면 허 사장은 오토바이의 안장을 열어 돈봉투(1회당 1~2억원)를 깊숙이 밀어 넣고 짧은 대화를 주고받았다. 하루에 두세 번의 검은 오토바이 방문, 우리는 그를 저승사자라고 불렀다.

"아, 저놈의 저승사자 정체만 밝히면 수수께끼가 풀릴 것도 같은데…."

수사팀의 궁금증은 극에 달아올랐다.

"우리 중에 오토바이 제일 잘 타는 놈?"

2007년 7월 7일. 나름 폭주족 경력을 가진 수사관 한 명을 투입하고 만반의 준비를 갖춰 저승사자를 기다렸다. 하지만 제아무리 수사관이 오토바이를 능숙하게 다룬다 하더라도 검은 오토바이의 곡예운전은 감당할 재간이 없었다. 녀석은 우리가 붙여준 자신의 별명처럼 저승사자나 다름없었다.

검은 오토바이 추격에 완전히 실패한 수사팀은 늘 사용하는 퀵서비스업체에 도움을 요청했다. 두 명의 운전자를 배치해 두 번째 추격에 들어갔다.

"저 ◇◇빌딩 앞인데 검은 오토바이 운전자, 이 빌딩으로 들어갔는데요."

추격을 시작한 지 10분도 안 돼 걸려온 퀵서비스의 전화. 수사팀은 곧바로 남대문시장 입구에 있는 ◇◇빌딩으로 찾아갔다. 빌딩 입구를 바라볼 수 있는 인근의 커피숍 2층에 자리 잡고 앉은 수사팀은 또다시 잠복에 들어갔다.

3시간쯤 흘렀을까, 저승사자가 헬멧을 벗은 채 가방을 메고 빌딩 입구로 나왔다. 남자는 주변을 두리번거리며 큰길을 따라 위로 올라가더니 갑자기 오른쪽 골목으로 꺾어 들어갔다. 수사팀의 발걸음도 덩달아 빨라졌다. 후미진 골목 여기저기 환전소를 드나들던 남자는 다시 ◇◇빌딩으로 돌아왔다. 301호! 녀석은 여기서 대체 뭘 하는 것일까? 저승사자의 검은 베일은 쉽게 열리지 않았다.

다음 날 종로와 남대문시장 ◇◇빌딩에서 잠복과 미행을 했다. 종로에서 저승사자를 관찰하는 한편, ◇◇빌딩에서는 301호의 내부 확인에 나섰다. 조심스러운 잠복수사 끝에 알아낸 301호의 정

체, 그것은 환전 사무실이었다. 아줌마 3명과 저승사자가 상주하면서 허 사장 아지트에서 가져온 현금을 고액 달러 또는 수표책, 엔화 등으로 환전해주고 있었다.

수사가 진행될수록 의문점은 하나씩 풀려갔다. 우리는 저승사자가 간간이 지하철 개찰구에서 정체불명의 남자와 접선한다는 사실도 알았다. 그는 개찰구 안에서 저승사자가 건네주는 노란 봉투를 받고 다시 지하철을 타러 가곤 했다. 이것이 우리가 돈과 다이아몬드의 흐름을 제대로 감지하지 못한 이유였다.

"저렇게 지하철에서 나오지도 않고 안에서만 주고받으니 파악이 안 될 수밖에."

지하철 남성은 저승사자와 허 사장의 한 연결점이었다. 그가 다이아몬드를 허 사장에게 넘겨주고 그 대금은 저승사자에게서 받아가는 형태였다. 1:1 거래라면 파악이 쉬웠을 텐데 이처럼 돌고 돌아 루트를 숨기며 움직였기 때문에 비에 씻긴 발자국처럼 한순간 흔적이 사라졌던 것이다. 우리는 녀석들의 밀수거래에 혀를 내둘렀다.

"와, 저놈아들 머리 쓰기 귀찮은 얼굴을 해가지고 짱구 엄청 굴렸네요."

"원래 나쁜 머리는 더 잘 돌아가는 법이야."

1개월에 걸쳐 밀수가 이루어지는 현장파악을 마친 팀장은 서둘러 다음 단계의 수사를 지시했다. 이제 남은 것은 단 하나, 다이아몬드가 원산지에서 어떻게 밀수입되어 허 사장의 손에 들어가는지를 밝혀내는 일뿐이다.

## 다이아몬드를 찾아서-은밀한 미행

"다이아몬드 주문은 동생 허준서가 맡아왔습니다. 주로 홍콩으로 국제전화를 했고, 화요일과 금요일 인천공항 안내데스크에 통화한 기록이 있습니다."

"음… 다이아몬드가 일주일에 두 번 인천공항을 통해 밀수입된다는 얘기군."

허준서의 통화내역 결과 그는 홍콩에서 다이아몬드가 들어오는 비행기 편명과 도착시각을 매번 확인했다. 꼼꼼하게 일을 처리한다는 것이 졸지에 범행기록을 남기게 된 꼴이었다.

"아따, 허준서 이놈 똥 한번 잘 싸줬다."

심각했던 회의실에 일순간 웃음이 터져 나왔다. 묵직한 사건의 피로에서 잠시나마 벗어나는 시간이었다.

밀수정황 파악을 마친 우리는 즉시 공항경찰대와 검색요원 등에 도움을 요청했다.

"매주 화요일이나 금요일 특이사항을 보인다거나 다이아몬드를 지니고 검색대에 통과한 사람은 없었습니까?"

검색요원은 어이없다는 듯 대답했다.

"한번 쭉 보세요. 얼마나 많은 사람들이 오가는데 '나 밀수꾼이요' 이마에 써놓겠어요?"

순간 막내 수사관이 주눅 든 말투로 다시 물었다.

"그러면, 화물 검색은…?"

"아이 참, 너무 모르신다. 그 많은 화물을 언제 일일이 다 처리해요? 몇 개만 샘플로 뽑아 검사하고 말지. 그리고 다이아몬드는 검색이 안 돼요!"

수사팀은 할 말을 잃고 말았다. 뭔가 용의자들의 동향을 파악할 수 있다고 기대한 것이 허무하게 깨져버렸다. 결국 우리는 우리만의 방식으로 진실에 접근해가기로 했다.

"매주 화·금 ☆☆항공 628편의 탑승자 명단 좀 보내주십시오."

지난 2개월 동안의 탑승자 명단을 받아 이를 재빨리 분석했다. 운반책으로 의심되는 사람을 추정해보기 위해서였다.

2007년 8월 10일 금요일. 다이아몬드를 운반하는 '딜리버리(delivery: 운반책)'로 추정되는 인물 3명이 추려졌다. 모두 중국계 홍콩인이라는 점 외에 아무런 정보도 얻을 수 없었다. 사진 자료가 없는 이상 인천공항에서 그들을 확인하는 것이 사실상 불가능했다. 애먼 곳에서 시간을 허비하는 것보다 좀 더 실질적인 수사를 하는 편이 옳았다.

우리는 인천공항에서 철수하고 2개 조로 나누어 허 사장과 허준서를 밀착 감시했다. 하지만 아무런 일도 일어나지 않고 며칠이 흘렀다. 들켜버린 것일까? 초조함과 불안감이 교차했다. 그만큼 미행은 더 조심스럽고 은밀하게 이루어졌다.

어느덧 8월 14일, 화요일이다. 매주 화요일과 금요일은 '딜리버리'가 다이아몬드를 가지고 입국하는 날이었다. 평소보다 더욱 허 사장을 주시하며, 팀을 나누어 밀착감시를 하고 있었다. 하지만 별다른 정황이 포착되지 않았다.

'오늘도 허탕인 건가…?'

바짝 긴장하며 대기했던 우리의 간절함이 허탈함으로 바뀌어 가고 있었다.

"허 사장의 행동이 평소와 조금 다릅니다."

허 사장을 밀착감시 한 B팀에서 다급한 연락이 왔다. 다시 긴장감이 감돌기 시작했다.

"다들 집중해, 놓치면 끝이라고 생각하라고!"

청계천 변의 한 호텔 앞. 수상한 남자가 서성이다 허 사장이 보이자 그에게로 걸어간다. 그러나 짐짓 모르는 사이처럼 스쳐 가는 두 사람, 별일 없이 지나가 버렸다. 하지만 수사팀의 눈은 속일 수 없다. 그 둘이 서로 교차할 때 부딪히는 손동작이 예사롭지 않았다는 사실을. 한 남자의 손이 스쳐 가자 허 사장은 주머니에 손을 넣었다 뺐다.

'잡았다!'

지금까지 도대체 알 수 없었던 다이아몬드의 반입경로를 포착한 순간이었다. 저리 은밀하게 이루어지는 거래를 보자 밀수수사 경험이 많던 수사관의 입에서도 탄성이 흘러나왔다.

"와! 마술이 따로 없네."

스치는 짧은 찰라 손에서 손으로 순식간에 옮겨지는 다이아몬드는 진짜 마술과도 같았다. 점점 더 지능화되는 밀수현장에 혀를 내두르는 한편 범죄는 여지없이 드러나기 마련이라는 진실에 안도하는 우리였다.

밀수는 체포에 신중을 기해야 한다. 물론 현장에서 체포하면 밀수입 사실을 입증할 수는 있지만 그와 관련된 공범들의 증거인멸과 도주가 예상되기 때문이다. 가뭄 속 단비 같은 실마리가 잡혔는데 여기서 모든 걸 망칠 수는 없다. 수사팀은 고심 끝에 관세법 위반 사범을 다루는 검찰청 외사부 검사를 만나 이와 관련하여 국제적 공범까지 검거할 방법을 논의했다.

검사는 잠시 고민하더니 말했다.

"세관도 관세법 관련해서는 저희 외사부의 지휘 아래 있습니다. '딜리버리'를 인천공항에서 검거할 수 있도록 세관과 협조하여 공조수사 하시는 것이 어떠십니까?"

노련한 검사의 제안에 우리도 흔쾌히 승낙했다. 팀장은 곧바로 세관의 박상철(가명) 과장을 만나 자초지종을 설명하고 공조수사에 대한 협조를 요청했다.

"밀수사건이요?"

"네."

박 과장의 눈빛이 짧게 흔들렸다. 그는 무엇인가 곰곰이 생각하더니 천천히 입을 열었다.

"밀수면 관세법 위반인데 이건 저희 관할이지, 공조수사 할 사건이 아닙니다. 세관으로 사건을 이첩해 주십시오.[6]"

뜬금없는 반응이었다. 압수수색영장을 발부받아 체포만 하면 되는 사건을 넘겨달라니? 눈앞에서 코 베어 가겠다는 말이나 다름없었다. 팀장은 지나치게 뻔뻔한 박 과장과 공조가 어렵다는 사실을 안 순간 다시 검사를 찾아 수사팀의 단독 체포 의지를 전했다.

"그렇다면 관세청과 공조수사는 없던 일로 하시지요. 공범을 밀수현장에서 검거해야 하는 것은 아니니 경찰 단독으로 밀수 관련

---

6) 관세법 위반 사건의 사건 관할은 관세청에 있으므로 관세청장의 고발이 있을 때 경찰에서는 수사할 수 있음이 원칙이다. 그러나 인지사건의 경우 관세법 외에 다른 법률과 같이 수사를 병행할 경우 경찰 단독으로 수사할 수 있다.

자들을 모두 체포하세요."

수사팀은 검사의 구두지휘 아래 단독수사로 사건을 마무리하기로 했다. 그러나 박 과장의 석연찮은 제안은 여간 찝찝한 것이 아니어서 쓸쓸한 기분을 털어버릴 수는 없었다.

## 거대 보석타운의 그림자를 밝히다

이제 막바지로 달려가는 수사. 수사팀은 허준서에 대한 혐의사실을 특정하기 위해 그의 동향에 더욱 예의주시했다. 그런데 뭔가 상황이 달라졌다. 허 사장의 아지트에 수시로 드나들던 공범들의 발길이 갑자기 뚝 끊긴 것이다. 이뿐만 아니라 허 사장의 수금 횟수가 대폭 줄어드는 등 심상치 않은 분위기가 감돌고 있었다.

"이상하네. 녀석들이 눈치챈 거 아닐까요?"

우리는 슬슬 걱정되기 시작했다. 아무래도 어제 세관을 찾아간 일이 잘못 틀어진 것은 아닐까? 팀장 역시 불안한 예감을 떨쳐버리지 못하는 듯싶었다. 만약에 세관에 내부 조력자라도 있었다면 공조수사는 오히려 역풍을 맞았을지도 모를 일이었다. 혹시 지금이 바로 그런 상황은 아닌지…? 그날 박 과장의 서늘한 태도가 자꾸 어른거렸다.

그나마 다행인 것은 허준서였다. 그만큼은 여전히 아지트에서 밀수거래를 계속하고 있었다. 늘 변함없이 아지트를 빠져나와 옆 건물의 작은 문구점으로 향하는 허준서. 여느 때처럼 담배를 사러 들르는 곳이다. 마지막 내사라 신중을 기하는 수사관의 감시에 더욱 빈틈이 없다. 그 순간 갑자기 화들짝 놀라 소리치는 수사관.

"팀장님, 저기 보세요! 저놈, 저거, 담배만 사서 나오는 게 아니었어요!"

"뭐라고?"

문구점에 드나들며 담배를 사던 허준서라 그 안의 상황은 의심하지 않고 있었다. 그런데 오늘따라 팩스 앞을 서성이고 있는 것이 아닌가! 뭔가 수상한 행동이 분명했다.

'저 팩스에 필시 단서가 있을 거야!'

우리는 문구점 팩스에 주목했다. 그로부터 며칠이 지난 어느 날, 수사팀 역시 담배를 사는 척 들어가 문구점 안을 살폈다.

"삐—"

때마침 들려오는 팩스 송신음. 기계에서 2장의 송장을 뱉어내고 있었다. 한 명의 수사관이 재빨리 주인의 시선을 다른 곳으로 끈 사이 나는 송장 2매를 얼른 재킷 속에 감췄다. 그것은 밀수거래에 관한 거래내역이었다. 즉, 허준서가 사소하게 드나든 문구점이 밀수거래의 핫라인이었던 것이다.

결국 우리는 문구점 팩스번호를 입수하고 송장에 찍힌 번호와 팩스번호에 대해 통신허가를 신청했다. 이곳에 모든 단서가 있었다. 팩스는 일주일에 서너 번 홍콩의 방 사장(중국계 홍콩인)으로부터 수신되었다. 허준서가 국제전화로 다이아몬드를 주문하면 허 사장이 딜리버리에게 직접 받는 등의 역할이 명명백백 드러나 있었다.

수사팀은 그동안의 내사보고와 채증[7]한 증거사진을 바탕으로 허 사장의 아지트를 포함한 중요 거래소 등 11곳에 대한 압수수색 영장을 발부받았다. 이제는 검거일만 기다리면 되는 것이다.

2007년 9월 6일. 가을비가 음산하게 내리는 종로의 보석타운. 골목마다 배치된 수사관들이 11개의 팀으로 나누어 아지트와 주요거래소 등에서 10시 정각이 되기를 기다렸다. 동시진입과 검거의 시간. 평소보다 초침은 무겁게 흘러갔다. 수사팀 모두 정확하게 맞춰진 시계에 한시도 눈을 뗄 수 없었다.

마침내 10시 정각. 수사관의 몸놀림이 일제히 재빨라진다. 수사 1팀 허 사장 아지트, 수사2팀은 전담환전사무실, 수사3팀은 공범의 점포에 동시에 진입했다.

---

7) 채집된 증거

"뭐야? 뭐야?"

깜짝 놀란 허 사장 형제는 저항할 틈도 없이 수사1팀에 검거됐다. 두 달 동안 매일같이 맞은편 점포에서 인사하며 지낸 사람이 경찰관일 줄은 꿈에도 생각지 못한 그들이었다. 등잔 밑이 얼마나 어두운지 이번 기회에 깨달았을 형제는 끌려가는 와중에도 도무지 무슨 일인지 영문을 모르는 눈치였다. 그런 그들의 황당한 얼굴을 뒤로하고 수사1팀은 거래내역을 기록한 비밀메모장부와 다이아몬드, 현금을 압수했다.

수사2팀은 환전담당 공범을 체포했다. 환전을 위해 허 사장에게 받아놓은 현금 등 밀수대금 10억여 원을 압수하고 환전책 3명을 긴급체포했다. 수사3팀은 원산지에서 다이아몬드를 직접 구매해 허 사장의 밀수 루트를 같이 이용한 공범 강 사장(가명)의 점포에 진입하였으나 그를 체포하지 못해 혐의를 입증하지는 못했다. 그러나 다이아몬드 400여 점을 압수하고 강 사장 동생을 체포하는 성과는 거두었다.

이 밖에도 수사4팀과 5팀은 다이아몬드 흠집제거 등 가공처리장에서 냉장고 속에 보관된 다이아몬드와 공형두(가명)가 운영한 점포 금고에 보관된 다이아몬드 등 300여 점을 압수하고 공형두를 체포했다. 수사11팀은 허 사장과 통화내역이 많은 귀금속상을 압수수색영장을 집행하였으나 1개의 점포에 대해서는 증거확보에 실패하고, 4개의 점포에서만 다이아몬드를 확보하여 4명을 체포했다.

그리하여 수사팀은 밀수다이아몬드 890여 개(10억원 상당), 밀수대금(달러 등 외화 포함) 10억원, 암호화된 거래장부 등을 압수하고 허 사장과 공범 7명을 긴급체포했다. 2007년 11월 15일, 허 사장의 암호화된 메모거래장을 해독하고 그동안 채증한 자료를 토대로 58명을 추가 인지하고 관세청의 고발장을 받아 수사를 마무리해 총 69명을, 20억원 상당의 압수물과 함께 검찰에 송치했다.

이번 사건을 돌이켜보면 점점 더 지능화된 범죄행위를 엿볼 수 있었다. 하지만 아무리 범죄가 외진 곳에서 소리소문없이 이루어진다 하더라도 누군가의 눈에 띈다는 것 또한 알아두어야 한다. 한 통의 제보전화로 비롯되어 최대 규모의 다이아몬드 밀수가 알려진 것처럼 사회악을 감시하고 지켜보는 수만 명의 눈이 있다. 이처럼 많은 시민이 불의에 관심을 가져준다면 정의가 바로 서고 범죄가 사라지는 날이 하루속히 올 것이라 기대할 만하다.

'3백억 원대' 다이아몬드 밀수

**최제호 인천공항세관 휴대품과장**
(다이아몬드는) 엑스레이에 넘어도 작은
알갱이로만 보이기 때문에 분석하기가
상당히 어렵습니다.

**최제호 인천공항세관 휴대품과장**
(다이아몬드는) 엑스레이에 넘어도 작은 알갱이로만
보이기 때문에 분석하기가 상당히 어렵습니다.

3백억대 밀수

3백억원대 다이아몬드 밀수 혐의 11명 검거

보석 감정원

상가

# 수사 뒷이야기

이 사건에서 검거에 실패한 한 곳의 점포는 10층까지 수사팀이 올라가는 동안 미리 연락을 받고 밀수 다이아몬드가 들어있는 가방을 창문 아래로 떨어뜨려 증거물을 감추는 수법을 썼다. 수사팀이 예상하지 못했던 상황이었다. 우리는 압수수색대상 장소가 빌딩일 경우 비상구나 창문의 개폐상황, 그리고 증거물 투하나 예상 도주로에 수사관을 배치해야 한다는 교훈을 얻었다.

이 사건은 다른 사건의 수사와 달리 허 사장의 일거수일투족을 촬영하고 기록하는 내사보고서만으로 내사를 진행하고 수사종결 단계에서 압수수색영장 집행과 동시에 피의자를 긴급체포했다는 것이 특징이다.

관세법 위반은 관세청장의 고발이 있어야 수사가 가능하지만 다른 법률과 동시에 병행수사할 경우, 인지 직후 관세청에 고발의뢰를 해야 한다. 그러나 이번 사건은 무등록 환전에 대해 외국환관리법이 의율되었기 때문에 경찰의 단독수사가 가능했다. 그리고 밀수와 관련해서는 외국환관리법 등이 대부분 존재하기 때문에 밀수사건을 수사할 경우 이런 점을 고려해야 한다.

수사팀의 언론 브리핑 후 각 방송사에서 메인 뉴스로 이 사건을 다루자 관세청 감찰과장에게서 전화가 왔다. 관세청에서 해야 할 일을 해주어 감사하다며 협조가 필요하면 언제는 도움을 주겠다는 전화였다. 공조수사에 비협조적일 때는 언제고, 이제 와서 이러느냐 반문하는 팀장에게 그는 비난 기사가 나가지 않도록 기자들에게 잘 설명해 달라고 부탁했다. 그 후 "구멍 뚫린 세관"이라는 비난 기사가 나가자 관세청에서는 뒤늦게 특별전담반(작전명: Die or Moan 1)을 만들어 밀수입 관련자들을 검거했다.

딜리버리는 달러나 여행자수표를 길게 말아 시가 모양을 만들어 양복 위 주머니에 5개(1개가 1만 달러, 총 5억원 상당)를 꽂고 나가는 방법으로 외화를 밀반출했다.

이 사건으로 수사관 1명이 특별 승진하는 영예를 안았다.

# 07

사기의 특급 클래스, 자매와 사라진 금고

"**우**리가 구명해줍시다."

"그 사기꾼을 구명하다니요! 지금 제정신이십니까?"

"그럼 방법 있습니까? 장장 100억이 넘는 돈이라고요. 그 돈을 그냥 날려요?"

"왜들 이러십니까, 우리가 이런다고 돈이 나오는 것도 아니고…."

투자자들의 날 선 목소리가 여기저기서 들려왔다. 그 모습들을 바라보던 선 회장의 낯빛이 파리해졌다. 사기꾼의 미모와 애교에 넘어가 자신이 평생 이룬 사업을 신기루로 만들어 버린 것도 억울한데 딱히 누구를 원망할 수도 없는 노릇이었다. 오롯이 자신의 탓이라는 게 더 참을 수 없이 분노가 일었다. 입술을 꽉 깨문 선 회장의 입에서 신음소리 섞인 말이 새어 나왔다.

"흐음… 우리가, 변제해 줍시다…."

투자자들의 눈이 일제히 그에게 쏠렸다.

"변제해주지 않으면 그 여자가 구속돼 버려요. 그러면 투자금 회수에 대한 일말의 희망도 없어져 버립니다. 구속은 피해야지요. 사기가 됐든 뭐가 됐든, 우리 돈은 끝까지 받아야지요!"

소란스러웠던 분위기는 선 회장의 말 한마디에 잠잠해졌다. 마음 놓고 죗값을 물을 수 없는 처지가 그들에게 더욱 처량함과 자괴감을 느끼게 했다.


2010년 5월 27일, 모 일간지에 "전직 장관도 속은 '보석투자' 사기, 두 배 투자이익 현혹… 1,000억원 횡령"이라는 제목으로 사회면 4단 기사가 실린다. 곧이어 수사팀에 물밀 듯 밀려드는 사기 피해자들의 하소연. 언론에 방송되면서 자신들이 미처 사기를 당한 줄 모르고 있던 사람들까지 합세하여 끝을 헤아릴 수 없을 정도로 무수히 많은 피해자가 나타났다. 피해 상황은 수사팀의 수사진행을 일순 마비시킬 정도로 어마어마했다.

한마디로 '희대의 사기'라고 불러도 손색이 없는 자매 사기사건. 일개 서민부터 전직 장관과 수억원대의 자산가, 재벌 사모님까지, 이 거대한 사기의 수렁에 빠지지 않은 이들이 없었다. 그들이 고작 두 자매의 손아귀에 놀아난 일은 경제수사를 하던 우리들의 눈에도 참으로 해괴한 광경이었다. 돈에 관해서는 누구보다 안목이 높고 조심스러운 사람들이 아니던가? 그런 이들이 빠질 수밖에 없는 이번 사기의 수법은 참으로 교묘하고 정교했다.

어떻게 수천억대의 사기판이 짜일 수 있었을까? 더욱 희한한 일은 그 누구도 이 사기단들의 구속을 원치 않는다는 사실이었다. 그 사연을 들여다보고 사건을 파헤치기 위해서 우리는 특급 자매 사기단의 탄생부터 들여다봐야 했다.

## 사기계의 거물 탄생기

"응애~"

강원도 두메산골의 농가에 울려 퍼진 아기의 첫 울음소리. 축복받아야 할 아이의 탄생이건만 부부의 얼굴은 급격히 어두워졌다. 당장 미역 국거리도 없는 형편이라 자식 얻은 기쁨보다 걱정이 먼저 앞섰다.

1954년 한국전쟁이 끝난 이듬해, 보릿고개가 한창일 때였다. 당시에는 부부뿐만 아니라 누구나 먹고사는 것이 고된 일과였다. 그런 궁핍하고 부족한 생활에 태어난 두 딸은 시골의 젊은 부부에게는 시리고 아픈 손가락이었다. 아이는 자기가 먹을 것을 가지고 태어난다지만 더 편하고 나은 삶을 주고 싶은 것이 부모의 마음 아니던가. 부부는 항상 자신들의 가난한 생활 탓에 딸들을 고생시키는 것만 같아 미안함도 같이 키워갔다.

"아비는 큰 거 바라지도 않아. 작은 사무실 경리나 공장에 다니면서 그저 니들만 먹고살 걱정 없으면 돼."

부부의 바람은 두 딸이 소박하게 자신들의 삶을 꾸려가는 것이었다. 젊은 부부의 두 딸, 해금(가명)과 해상(가명). 어려서부터 우애 좋게 커가는 딸들의 모습은 그들의 가난한 삶에 유일한 안식이었다. 더욱이 자신들의 바람처럼 해금은 중학교 졸업 후 작은 공장에 취직하여 결혼했다. 기특하게도 그녀는 자신이 공장에서 번 돈으로 해상의 고등학교 진학을 도왔다. 넉넉하지는 않았지만 그녀들은 나름대로 단란하고 행복하게 각자의 삶을 착실하게 꾸려가고 있었다.

그러던 어느 날, 예기치 못한 어둠이 조용하고 소박한 자매의 삶에 찾아든다. 그것은 해금의 둘째 아들이 태어나면서부터 시작됐다. 선천적 장애를 가지고 태어난 아이, 그 때문에 해금은 남편과 싸움이 잦아지면서 결국 이혼을 선택하게 된다. 별안간 두 아이를 책임진 이혼녀가 된 해금은 막막한 상황 앞에 깊은 좌절에 빠진다. 아무리 해상이 고등학교를 졸업하고 취업을 한다 해도 그 돈으로 네 식구가 먹고살 수는 없는 노릇이다.

"언니야, 걱정 마라. 살려고 하면 다 방법이 있다."

고심하던 자매는 무작정 서울에 상경하기로 마음먹는다. 먹고 살 일이 지천으로 널렸다는 서울에서 네 식구 입에 풀칠은 하겠 지 싶은 생각에서였다. 그들은 없는 살림을 꾸려 곧장 서울로 떠 난다. 서울의 화려함이 이들에게 어떤 삶을 가져오게 될지 꿈에 도 모른 채.




## 유혹의 땅에서 화려한 별을 달다

1983년 서울역. 서울의 불빛은 그야말로 휘황찬란했다. 낮과 밤 이 밝은 서울 하늘 아래에 사람들은 붐볐고 모두 풍요로워 보였 다. 이런 곳이라면 자매도 쉽게 자리 펴고 살 수 있을 것만 같았 다. 지금은 고작 도심의 변두리 작은 방 하나 얻는 형편이지만 곧 자신들도 풍요의 얼굴을 하고 당당한 서울 시민으로 살아가리라 생각했다. 아직은 젊은 그녀들에게 서울은 희망의 도시였다. 해금 은 겨우 서른을 넘긴 나이이고 해상의 나이 또한 스물여섯, 말 그 대로 청춘이었다.

자매는 닥치는 대로 일을 했다. 자신들의 손이 필요한 자리면 청소도 하고 외판원도 해보고 물건도 날랐다. 그렇게 버티기를 십년, 한창 꽃망울이 터지던 어느 봄날의 일이었다.

"해상 씨, 우리 큰돈 한번 벌어볼래요?"

종로 밥집에서 일하던 해상에게 솔깃한 제안이 들어왔다. 식당의 단골손님으로 늘 자신에게 살갑게 대해주던 청년의 한마디. 그는 특유의 말재주와 성실함으로 전국을 무대로 영업을 하는, 그 일대에서 수완 좋기로 소문이 자자한 나까마(점포 없이 장사하는 보석유통업자) 청년이었다.

"어떤 일인데요?"

해상의 눈이 반짝거렸다. 그간 갖은 고생을 다 했어도 살림이 나아질 기미가 없자 그녀도 많이 지친 상태였다. 큰돈만 벌 수 있다면 그것이 무엇이든 덤벼볼 심상이었다.

"그 예쁜 얼굴 썩히지 말고 돈 있는 부인들 상대로 영업 좀 해봐요. 물건은 내가 댈게."

그의 말처럼 해상의 외모는 매력적이고 아름다웠다. 고생한 흔적과는 달리 어느 부잣집 사모님 못지않게 귀티가 흘러넘쳤다. 그런 해상이 보석영업을 한다면 사람들의 이목을 끄는 것쯤이야 어려운 일이 아니었다. 어쩌면 나까마의 제안은 해상에게 절호의 기회일지 모른다는 생각이 들었다.

"좋아요! 까짓것 해보죠."

해상은 조금의 망설임도 없이 선뜻 그의 제안을 받아들였다. 아니나 다를까, 해상의 영업 수완은 여간 좋은 게 아니었다. 주변의 지인이나 동창생의 소개로 만난 부유한 여성들과 사업가들에게 다이아몬드를 판매하는 한편, 큰 거래가 있을 시에는 몸도 아끼지 않았다. 오래 지나지 않아 아버지를 알 수 없는 아들까지 출산한 것을 보면 그녀가 이 일에 얼마나 큰 애정과 집착이 있었는지 잘 보여준다.

미혼이었던 해상은 자신의 아들을 언니의 호적에 올리면서부터 조금씩 달라진다. 점점 더 일을 크게 벌이는가 하면 위험한 일에도 물불을 가리지 않고 적극적으로 돈을 벌기 시작했다. 성북동이나 강남 일대의 부인들을 상대로 다이아계를 만들어 운영하기도 했다. 그러나 제아무리 다이아의 수요가 급증한다 해도 밀수에 의존하고 있는 캐럿 다이아인지라 그 수요를 맞추기에는 한계가 있었다.

"감정서도 없는 밀수 다이아몬드를 사모님들에게 팔 수도 없는 노릇이고… 이를 어쩐담?"

나까마는 다이아몬드 공급에 전전긍긍이었다.

"감정서가 뭔 대수라고. 그까짓 거 위조하면 되잖아요."

해상은 대수롭지 않다는 듯 담담하게 말했다.

"해상 씨가 뭘 모르네. 국내 감정서를 위조하면 금방 들켜버려. 그 사모님들 이쪽 분야에서는 우리보다 빠삭하다고. 들통나지 않으려면 외국에서 발행한 감정서를 위조해야 하는데… 그게 잘못 걸리면 감옥행이야!"

해상이 가자미눈을 뜨고 나까마를 노려본다. 처음으로 그가 한심하게 보이기까지 했다.

"지금 돈이 얼마가 왔다 갔다 하는데 남자가 그만한 배포도 없어요? 내가 선불로 받아왔단 말이에요! 막말로 내가 영업만 하면 뒷일은 알아서 해결해 준다며…"

그녀는 남자의 눈앞에 현금다발을 펄럭였다. 예전과 달리 거칠어진 해상의 모습에 잠시 당황한 나까마. 하지만 이내 바닥에 늘어진 현금다발을 보고 슬며시 입이 벌어졌다. 주섬주섬 현금을 집어들며 남자가 말했다.

"알았어, 알았어. 진정해! 내가 어떻게든 해볼게."

돈을 쓸어 담는 남자의 손놀림이 빨라진다. 그 모습이 해상이 본 나까마의 마지막이었다.남자는 선불로 받은 대금을 가지고 그 길로 줄행랑을 쳤고, 해상은 모든 죄를 뒤집어쓰고 위조감정서까지 발각되어 1995년 3년의 징역형을 선고받는다.

1998년, 만기 출소한 해상은 이제 다른 사람이 되었다. 무엇이든 처음이 무서운 법! 큰돈을 만지다 감옥까지 경험한 해상에게 착한 노동의 값은 눈에 들어오지 않았다.

"뼈 빠지게 일해 쥐꼬리만큼의 돈을 받느니 차라리 크게 한탕 하는 게 낫지. 운 나빠 봤자 별밖에 더 달겠어."

그녀의 마음은 이미 삐뚤어져 회복이 불가능했다. 이번에는 언니 해금과 함께 사기행각을 시작했다. 각자 아는 사람들을 모두 끌어들여 높은 이자를 주겠다는 미끼로 자금을 모은 다음 다이아몬드 밀거래와 유명브랜드의 짝퉁 핸드백 사업을 벌인 것이다. 그러다가 2000년 3월 해상은 사기 및 상표법위반 혐의로 다시 징역 6년형을 선고받는다.

길고 긴 6년간의 교도소 생활. 앞으로 착실하게 생활하고자 마음을 다잡은 해상은 만기 출소하여 언니를 찾아간다. 지난 시간 자신을 옥바라지한 언니와 조카, 아들을 보자 할 말을 잃고 만 그녀, 눈에서 뜨거운 눈물이 하염없이 흘러나왔다.

"도대체 왜 이 모양인데…?"

그들의 모습은 영락없이 거지꼴이었다. 살고 있던 집에서 쫓겨난 것은 물론 먹는 것과 입는 것 어느 하나 제대로 된 것이 없었다. 마치 어린 시절 자신들의 고단한 삶을 보고 있는 것만 같았다.

'다시는 저 꼴로 살게 하지 않겠어!'

해상의 눈물은 결코 참회의 눈물이 아니었다. 헐벗은 가족 앞에

날 선 결심의 눈물이었다. 두 번에 걸쳐 9년이란 교도소 생활을 지
낸 그녀는 더 이상 무서울 것이 없었다.

## 여왕벌의 부활, 진화를 시작하다

해상은 친구 정선(가명)이 떠올랐다. 사실 그녀에게는 고마움이
크다. 적지 않은 돈 10억을 갚지 못했는데도 자신을 고소하지 않
은 친구. 그녀의 곱고 여린 마음이 해상에게는 더없이 소중했다.

"정선아!"

6년 만에 나타난 친구 해상. 정선은 자신의 눈을 의심했다. 보
통 사람이라면 자기를 피해 다녀야 정상인데 해상은 오히려 스스
로 나타난 것이 아닌가. 그것도 꽤 당당하고 태연한 모습으로.

"너에게는 정말 미안해! 내가 이번 사업에 성공하면 니 돈 10억
은 이자 쳐서 꼭 갚을게."

해상은 진심을 다해 정선에게 빌고 또 빌었다. 사기죄로 들어갈
때도 누구에게 이토록 잘못을 빈 적은 없었다. 그녀의 마음을 풀
지 못하면 더 이상 일을 진행할 수는 없기 때문이다.

'전과자인 내 이름으로 할 수 있는 것은 아무것도 없어. 정선이

가 필요해!'

그랬다. 해상은 정선의 마음을 갚아야 할 빚으로 생각하지 않고 이용하기로 마음먹은 것이다. 그녀의 명의로 핸드폰과 차량, 그리고 오피스텔을 구할 수 있도록 돈 1,000만원을 빌려달라고 간곡히 사정했다. 계속되는 설득에 결국 정선은 그녀의 부탁을 들어주고 만다.

그렇게 정선에게 받은 돈으로 잠실에 깔끔한 오피스텔을 구한 해상. 새롭게 작업을 시작할 자금을 구할 차례다. 정선에 이어 그녀가 떠올린 또 한 명의 피해자, 바로 고향 오빠 민구(가명)였다. 민구 또한 2억의 피해를 입고도 자기를 고소하지 않았을 뿐만 아니라 교도소에 면회까지 왔던 좋은 사람이었다. 해상은 민구가 자신을 좋아하는 마음을 이용하여 접근해 보기로 결심했다.

"오빠, 미안해, 내가 바보 같아 남한테 속아서 오빠에게… 흑흑."

여리여리한 해상이 온몸을 들썩이며 울먹였다. 그런 모습이 안쓰러운 민구는 살포시 어깨를 감싸 안았다.

"바보야, 네가 왜 미안해? 순진한 너를 꾄 사람들이 잘못이지. 그동안 고생이 많았어."

자신을 위로하는 민구에게 더욱 몸을 밀착하는 해상. 그녀의 길고 뽀얀 목선이 민구의 눈에 들어왔다. 그 순간 향긋한 샴푸 향이

아찔하게 퍼져 나왔다. 그것은 민구로서는 차마 거부할 수 없는 유혹의 향이었다.

"이번엔 확실해! 백화점 납품권을 따내서 명품시계랑 가방을 납품하는 일이야. 근데… 문제는 자금이야."

자신의 품에서 시무룩해 하며 슬퍼하는 해상을 민구는 안타깝게 바라봤다. 그녀는 민구에게만큼은 어린 양처럼 약하고 순하며 보호해주고 싶은 여자였다. 며칠 뒤 민구는 1억원을 마련하여 그녀에게 빌려주었다. 모든 일이 해상의 계획대로 착착 진행되어갔다.

'지금부터 시작이야!'

어떤 일에 있어 우선 중요한 것은 주변의 신뢰를 쌓는 일이다. 일단 해상은 민구에게 받은 돈으로 정선에게 빌린 돈 1,000만원을 갚았다. 그리고 그녀와 동행하여 벤츠 승용차를 구입했다. 또한 자기 일을 도울 사람으로 예전에 함께 일했던 운전기사 김 씨와도 구두계약을 마쳤다. 한 달 뒤에는 민구에게 찾아가 1억원에 대한 이자로 400만원을 갚았다. 민구는 한 달 만에 이처럼 높은 이자를 받을 줄은 생각지 못한 모양이었다.

"내가 이 돈을 받아도 돼? 괜히 무리하지 않아도 된다. 우리가 남이냐?"

"오빠, 내가 이번 사업은 확실하다고 했잖아. 걱정 마. 다 그만큼

줄 여력은 돼!"

민구의 입이 한껏 위로 올라갔다. 연신 바보스러운 웃음을 띠는 민구를 보며 해상 또한 만족스러운 미소를 지었다. 이 모든 행동은 다 그녀의 계산 아래 이루어졌다.

"사업이 잘 되다 보니 키워야 할 것 같아. 그래서 말인데⋯ 오빠, 사업자금 2억원이 더 필요해."

민구의 머릿속이 빨리 돌아갔다. 한 달에 400만원의 이자를 주는 그녀라면 더 큰돈을 줘도 곧 원금은 챙기겠단 생각이 들었다. 그래서 1억에 이어 2억도 흔쾌히 내주었다. 지금은 그저 자기 품에서 헤엄치는 물고기처럼 안긴 해상을 보는 것만으로도 즐거운 그였다.

"이제부터 우리가 살 집은 여기야!"

민구에게 돈을 받자마자 해상은 잠실의 100평짜리 고급 아파트를 월세로 얻었다. 그리고는 해금과 아이들을 이사시켰다.

"우와~ 우리 집 운동장만 해! 이모 최고!"

"엄마 최고!"

해상에게 가장 큰 즐거움은 가족들이 자신을 인정하고 행복해하는 모습이었다. 그 모습만 볼 수 있다면 그녀는 어떤 죄의식도 느끼지 못했다. 오히려 그 때문에 더 과감해지고 교활해지는 그녀였다. 이왕지사 벌인 판 크게 키워볼 심산이었다.

그리하여 교도소 복역 중 알게 된 승연(가명)에게도 연락하는 해상. 승연은 교도소에 오기 전 '운동본부'의 본부장으로 있던 여자였다. 아버지는 과거 고위공직자를 역임했고 그녀 또한 직책상 사회적 저명인사들과 상당한 인맥을 갖춘 이혼녀였다. 해상에게는 이보다 좋은 미끼는 없었다.

이제 남은 것은 남자들을 상대할 바람잡이. 그녀는 유일하게 금전적으로 엮이지 않은 초등학교 동창 기출(가명)을 포섭하고, 다이아몬드 선불금을 가지고 종적을 감추었던 나까마 남자 오 사장(가명)에게도 금괴(1kg 바) 거래를 제안한다.

"내가 해상 씨 일은 늘 미안하게 생각했어."

오 사장은 해상의 제안에 선뜻 응할 수밖에 없는 처지였다. 어찌 보면 해상은 사람의 마음을 이용하는 데 타고난 여자였다. 이렇게 만반의 준비를 갖춘 그녀는 사기를 위한 겁 없는 질주를 예고하고 있었다.

처음부터 솔깃한 제안 따위는 없다. 그저 지인들을 집으로 불러 같이 고스톱을 치거나 땅을 보러 다니는 등 일상적인 친분을 쌓는 데 많은 시간을 할애했다. 그러다 보면 자연스럽게 모임의 이야기는 카자흐스탄의 유전, 금(gold) 선물시장에 대한 동향으로 흘렀다. 그 틈을 노려 자신의 혜안을 마음껏 펼치는 해상이었다.

"해상 씨는 젊고 예쁜데 사업수완까지 좋으면 어떡해! 완전 팔방미인이야."

"누가 아니래요. 게다가 돈도 많고. 우리도 같이 돈 좀 벌게 해 줘!"

누구보다 호화스러운 삶을 살고 있는 해상을 의심하는 이는 아무도 없었다. 100평짜리 아파트, 기사 딸린 벤츠 승용차, 출장코디네이터까지 고용하여 매일 관리 받는 해상의 모습은 그야말로 성공한 여성 사업가의 모습이었다. 그들은 어떻게 하면 해상이 하는 사업에 투자할 수 있을까, 하는 생각들로 아부를 늘어놓기에 바빴다. 거짓된 화려한 삶에 눈이 멀어 그 이면의 깊은 수렁은 보지도 못한 채.

2006년 9월, 자매는 모든 준비를 마쳤다.

"절대 눈치채게 해서는 안 돼. 일단 정선이한테 투자금을 받아서 민구에게 이자를 꾸준히 지급해. 민구에게 신뢰를 얻는 게 첫 번째 목표야. 민구는 이자를 받기 시작하면 돈 욕심이 생길 거야, 더 많은 돈을 투자하면 더 많은 이자를 받게 될 거거든."

동그란 눈을 뜨고 자신을 바라보는 동생을 향해 해금이 말했다. 사실 해상이 몸통이라면 해금은 머리였다. 그간 모든 지시는 해금에게서 내려졌다.

"민구에게 계속해서 투자금을 받아내면 그 돈으로 정선이한테도 높은 이자를 지급하는 거야. 이렇게 돌려막기를 하게 되면 두 사람한테서 지속적으로 돈을 끌어들일 수 있게 돼."

"아…!"

해상이 낮은 탄성을 질렀다.

"그럼 그 돈으로 다이아몬드며 금괴를 사는 거야?"

"그렇지!"

손발이 척척 맞는 동생을 흐뭇하게 바라보던 해금. 그녀는 또다시 기발한 생각을 이야기했다.

"그렇게 사들인 명품들을 내가 어떻게 할 것 같아?"

갑작스러운 질문에 해상의 눈이 더 동그래졌다. 알 수 없다는 듯 머리를 가로젓자 해금이 웃음소리를 내며 말을 이었다.

"그 물건들을 전당포에 맡기는 거야! 전당포에 맡기고 담보대출을 받는 거지. 명품들을 안전하게 보관하는 데는 그만한 곳이 없어."

해상은 언니를 존경의 눈빛으로 바라보았다. 자신의 머리에서는 도무지 나올 수 없는 기발한 방법이었다.

"그곳을 이제부터 '창고'로 칭하자. 우리가 보석창고까지 가진 큰손이 되는 거야!"

해상은 다음 날부터 기출과 정선을 비롯한 동창생들을 자신의 아파트로 초대해 요리사의 특급요리들을 대접했다. 오 사장에게는 금괴나 다이아몬드를 가지고 오게 했고, 전당포에서 저렴하게 구입한 중고 명품시계와 팔리지 않는 다이아몬드를 사전에 자신의 아파트 금고에 넣어두었다.

"한국에서 금 선물시장을 크게 운영할 거예요. 오 사장님이 금 조달을 맡아주실 거고요."

해상이 보란 듯 금고에서 수억원의 현금다발을 꺼내왔다. 사람들은 눈앞에 금괴와 다이아몬드, 현금을 보자 욕망의 눈빛이 일렁거렸다. 그들은 자매가 던진 미끼를 덥석 물었다.

그녀는 안방으로 한 사람씩 불러들였다. 방안에는 수백 개의 5~10캐럿 다이아몬드와 25캐럿의 다이아몬드가 가지런히 놓여있었다.

"아름답죠? 이건 아무나 가질 수 없어요. 국내에서는 유일하게 저만 가지고 있지요. 한마디로 고가 예술품이죠!"

자신의 말을 입증하듯 영문으로 위조된 '다이아몬드 감정사 자격증'을 보여주는 해상. 고작 개당 2~3천원에 불과한 큐빅임에도 돈욕심에 눈이 먼 그들에게 그것은 반짝이는 다이아몬드 그 이상이었다. 걷잡을 수 없이 커진 욕망은 그들을 위험한 거래로 빠트렸다.

적게는 몇백만원에서 많게는 수천만원을 투자한 지인들. 해상은 동창생 한 명 한 명과 2~3일에 10%의 수익금을 주겠다고 약정하고 매일같이 자신의 집을 드나들게 했다. 하지만 자매에게 그들은 코흘리개 쌈짓돈을 내준 개미군단에 불과했다. 짐짓 그녀들의 속내는 따로 있었다.

'그래, 더 빨리 가볍게 많은 사람들에게 얘기해라!'

개미군단은 처음부터 입소문을 위한 바람잡이 도구였다. 큰손 투자자를 유인하기 위해 동원된 엑스트라일 뿐, 자매가 그린 큰 그림은 다른 데 있었다.

소문은 삽시간에 전국으로 퍼져나갔다. 개미군단의 규모가 날로 커지면서 급기야 2007년 3월에는 집사까지 고용해 번호표를 교부하며 면담을 할 정도였다. 자매는 개미들의 투자금액이 소액인지라 제때 수익금을 지불하는데 어려움이 없었다. 약정일을 꼬박꼬박 지켜 신뢰를 쌓은 덕분에 재투자를 유도하기도 쉬웠다. 끊임없는 개미군단의 유입으로 자매들의 돈벌이는 그야말로 땅 짚고 헤엄치기였다.

10월이 되고 나름 사업이 어느 정도 무르익자 해상은 한 가지 결심이 섰다.

"이제 큰손을 끌어들일 때야!"

그녀는 본격적으로 승연을 이용하기로 마음먹었다. 마땅한 수입이 없는 승연에게 용돈으로 200만원, 교통비로 300만원을 주는 등 친언니같이 살갑게 다가선 해상. 자신을 살뜰하게 챙겨주는 해상에게 승연은 점점 의지해간다. 그러던 어느 날, 평소 안면이 있는 전직 장관 출신 순자(가명)를 만나게 되는 승연. 그녀는 해상에게 진 마음의 빚을 조금이나마 더는 기회라 여기게 된다.

"장관님, 잘 지내셨죠? 저에게 좋은 정보가 하나 있는데…,"

승연은 넌지시 수익금 10%의 고수익 투자에 관한 이야기를 흘렸다.

"에이~ 난 그런 거 관심 없어. 다 늙어서 돈 욕심 내면 흉해."

격렬히 손사래를 치는 순자였다. 그렇게 승연은 별다른 성과 없이 순자와 헤어지고 만다.

그런데 얼마 뒤, 해상은 순자와 마주하게 된다. 짐짓 아닌 척해도 순자 역시 높은 수익에 대한 호기심을 감출 수는 없었다. 다시금 승연과 우연을 가장한 만남으로 해상의 집까지 방문하게 된 그녀였다.

"장관님이 이곳까지 찾아주시고… 저로서는 가문의 영광입니다. 미국에서 성공한 사업을 접고 한국에 온 보람이 있네요."

처음 맞이하는 거물의 등장! 해상은 긴장을 감추지 못했다. 하지만 곧 용의주도하게 순자의 환심을 샀다. 순자 역시 해상의 아첨이 싫지만은 않은 눈치였다.

"장관님, 제가 만나 뵌 기념으로 조그만 선물 하나 준비했어요."

세련된 케이스 안에 명품시계 하나가 위엄을 드러내고 있었다. 거듭 사양하는 순자를 사이에 두고 해상과 승연의 시선이 부딪쳤다. 그 찰나를 놓치지 않고 승연이 말했다.

"내가 기사에게 전달할게!"

그날 이후, 해상은 순자에게 안부 전화를 거는 것이 일상이 되었다. 개미군단들에게는 해상과 전직 장관의 관계가 그 어떤 말보다 확실한 홍보와 믿음을 심어주었다.

수많은 사람들의 방문, 손마다 들려있는 돈다발, 눈 앞에 펼쳐진 다이아몬드. 순자 역시 그 유혹을 뿌리칠 수 없었다. 우선 1,000만원을 자매에게 투자하고 3일마다 수익금을 챙겼다. 한 치의 오차도 없는 입금이었다. 누워서 떡 먹기란 이런 것인가, 이 맛있는 떡을 혼자 먹는 것이 아까운 순자는 아들과 다른 부처의 장관이었던 경자(가명)에게도 투자를 권했다. 이로써 자매는 전직 장관 두 명을 등에 업고 득의양양 활개를 펴기 시작한다.


"언니, 이게 웬 돈이에요? 1천만원이나!"

뜻밖의 돈에 승연은 눈이 휘둥그레졌다.

"고마움의 표시야. 네 덕분에 장관님 인맥도 얻었는걸."

이용가치가 높은 승연을 해상이 놓칠 리 없었다. 승연의 입장에서는 지인을 소개한 것뿐인데 생각지 못한 높은 수익을 챙기게 되니 도리어 해상이 고마울 수밖에 없었다. 점점 더 그녀의 심복이 되어가는 승연, 해상을 돕는 일이라면 누구보다 적극적이었다.

2008년 1월, 승연은 두 번째 큰손을 해상에게 안내한다. 특이하게도 이번 큰손은 승연이 다니던 교회 목사였다. 하지만 아무리 종교인이라도 돈 앞에서 유혹당하는 것은 일반 사람이나 진배없었다.

"3개월 뒤 원금을 상환해주고 월 10% 수익금을 지급하겠다는 약정서입니다. 그리고 금 보관증과 지불각서예요. 목사님의 기도가 분명 응답받을 것입니다."

천사 같은 미소로 해상이 이야기했다. 얼마 후 목사는 자신의 집을 담보로 10억을 대출받아 3회에 걸쳐 9억 6,400만원을 해상에게 투자했다. 그리고 얼마 동안은 그녀의 말처럼 꼬박꼬박 수익금이 통장으로 들어와 흐뭇해하던 목사였다.

또 다른 유인책인 기출 역시 같은 교회에서 호형호제하는 건설회사 사장 형규(가명)에게 해상을 소개한다. 형규가 5,000만원을 상철(해금의 아들) 명의의 계좌로 송금하자 해상은 한 달 뒤 원금과 수익금을 모두 입금했다. 전에 없는 큰 수확을 맛본 형규는 흥분을 감추지 못했다. 그가 공짜 돈맛을 알았을 때 자매들의 진짜 유혹은 시작됐다.

"이건 제가 사장님께만 드리는 특급정보예요! 제가 '무안한중국제산업단지개발'에 150억원을 투자할 생각인데 사장님께서도 해보시겠어요? 하기만 하면 수십 배 수익은 보장되는 사업이에요."

안목과 수완이 좋고 든든한 백까지 갖춘 해상의 말이라면 틀림없다. 형규는 그녀의 말을 믿고 다이아몬드를 담보로 1억7,000만원을 투자한다. 그러면서 3,500만원짜리 금괴를 2,600만원에 구매해주겠다는 해상의 선의에 감사하며 사채까지 써서 2010년 1월까지 14회에 걸쳐 11억7000만원을 그녀에게 투자한다. 또다시 질리지 않는 달콤한 공짜 돈맛을 음미하며.

## 또 하나의 미끼, 작은 금고장의 정체

돈에 취해 이성이 마비된 것처럼 자매는 만족을 몰랐다. 2008년 5월의 어느 날, 해금은 새로운 사기 아이템이 떠오른다. 그녀는 자신의 아파트 맞은편 귀금속 사장 박 씨에게 접근하기 시작했다.

"사장님, 제가 금 선물시장을 경영하는데 1kg짜리 금괴 수요가 많아요. 금괴를 사무실로 직접 가지고 와주실 수 있나요?"

30돈짜리 금거북 10개를 사며 박 사장을 슬며시 떠보았다. 박 사장은 자매를 위아래로 훑어보며 입을 열었다.

"저야 뭐 가격만 맞으면 직접배송도 해드리죠. 결제만 바로 되면 … 얼마나 필요하신데요?"

박 사장의 말투에 의심이 한가득 실려 있었다. 동네 귀금속점에서 이처럼 큰 거래를 하는 경우는 극히 드물었다. 한마디로 횡재 아니면 쪽박이었다.

"네, 알아보고 곧 연락드릴게요!"

명품으로 휘감은 두 명의 사모님들이 그렇게 박 사장의 눈앞에서 멀어져갔다.

그리고 어느새 7월, 여름의 더위가 찾아왔지만 그 어디보다 열기를 더한 곳은 해상의 아파트였다. 여느 때처럼 30여 명의 개미군단이 북새통을 이루고 있었다. 오늘은 드디어 역할극이 새로 시작되는 날이었다.

"여러분, 작은 금고장이 금을 가지고 오는 날입니다. 금괴를 2,600만원에 팔 것이니 필요한 사장님 계시면 말씀하세요!"

개미군단들이 일제히 소란스러워지기 시작했다. 시세보다 싼 금괴의 가격에 저마다 놀란 얼굴들이었다. 그런 그들을 보며 해상은 서늘한 미소를 띠었다. 그리고는 누군가에게 바로 전화를 걸었다.

"오늘 금괴 4개와 30돈짜리 금거북 13개만 가져다주실 수 있나요? 대금은 모두 현금으로 드리겠습니다."

얼마 뒤 소란을 틈타 해상의 집 초인종이 울렸다.

"저희 회사 작은 금고장님 도착하셨나 보네요. 강 집사, 문 열어드리세요."

해상은 우아한 손짓으로 문을 가리켰다. 강 집사의 안내로 집안으로 들어오는 금고장, 그는 바로 귀금속 사장 박 씨였다.

박 사장의 눈에 들어온 광경은 처음 접한 풍경이었다. 30여 명

의 남녀가 삼삼오오 모여 담소를 나누고 장면, 저마다 한껏 자신
들의 재력을 과시하려는 듯 보인 옷차림에 절로 위압감이 들었다.
무엇보다 해상을 따라 들어선 안방에 펼쳐진 금괴들과 명품백, 화
려한 다이아몬드는 그에게 문화충격이었다.

'정말 세상에 이런 사람들도 있구나!'

지난날 의심의 눈초리로 자매를 바라본 자신이 부끄럽기까지 한
그였다.

해상은 박 사장이 가지고 온 금괴를 받아 금고에 안치하고 곧바
로 현금 2억 3,000만원을 건넸다. '잘 부탁드린다'는 인사말을 잊
지 않는 해상은 믿음직한 사업가의 면모를 풍겼다.

'횡재구나! 나한테 복이 굴러온 거야! 그것도 복중에서 최고라는
돈복!'

박 사장은 해상에게 더욱 허리를 낮추며 이날의 생경한 경험을
두고두고 잊지 못했다.


해상은 박 사장이 돌아간 뒤 금괴를 시세보다 30% 저렴하게 판
매했다. 때마침 형규를 보고는 반갑게 말을 건넸다.

"어머님 칠순이셨죠. 제가 꼭 참석했어야 했는데 일이 바빠 참석
을 못 했어요. 죄송해요."

모두 보란 듯 금거북 한 개를 형규에게 건네는 해상. 그녀의 커

다란 배포와 씀씀이는 개미들의 환심을 사기에 충분했다. 뒤에서 해상을 조종하는 해금의 전략이 어김없이 먹혀든 것이다.

보름이 지났을 무렵, 해상은 또 박 사장에게 금괴 32개와 10돈 짜리 목걸이 팔찌 세트, 30돈짜리 금거북을 가져다 달라고 주문 한다. 이번에는 안방이 아닌 사람들 앞에서 직접 거래가 이루어졌 다. 10억원을 수표로 지급하고 나머지 38억은 2~3일 내로 결제하 기로 한 해상. 박 사장은 의심 없이 믿었다. 하지만 단 하나 의아 한 것이 있었다.

'왜 자꾸 나를 '작은 금고장'이라 부르지?'

조금 이상하긴 했다. 하지만 거래만 제대로 이루어진다면야 박 사장에게 그것은 별로 대수롭지 않은 일이었다. 몇십억이 오가는 마당에 자기를 뭐라 부르든 무슨 상관이겠는가. 그러나 그것이 결 국 자신에게 엄청난 파국을 불러오리라는 것을 알 리 없는 그였다.

'작은 금고장' 박 씨. 그는 자신도 모른 채 자매들의 손아귀에 놀 아나 수표를 세탁하는 역할을 하고 있었다. 박 사장은 큰손들이 거래할 때마다 금괴를 들고 나타났는데 2010년까지 자매에게 금괴 565개, 10돈짜리 목걸이세트, 30돈짜리 거북이, 열쇠 등과 다이 아몬드 5캐럿 4개 등 251억원 상당을 건넸다. 그리고 47억원을 손 해 보았다. 그는 피해자인 동시에 자매의 사기극을 도운 공범이기 도 한 셈이다. 자기의 역할로 자매의 사기극이 정점을 향해 내달리고 있었다는 것을 작은 금고장은 끝까지 알지 못했다.

## 여전히 배고픈 자매와 욕망의 정점

"언니, 그거 알아? 미국 금융위기 때문에 카자흐스탄 경제가 위기래. 그래서 카자흐스탄에서 유전(油田)을 헐값에 판다는데?"

2008년 5월의 하루, 자매와 승연이 식사를 하는 자리였다. 승연은 귀동냥한 정보를 무심하게 흘려버렸다. 별다른 생각 없이 내뱉은 말에 자매의 눈빛은 심상치 않게 빛났다.

"승연아, 유전에 대해 좀 더 자세히 알아봐 줘."

자매의 부탁에 승연은 기꺼이 행동을 계시했다. 온 인맥을 동원해 수소문 끝에 카자흐스탄에서 무역회사를 경영한 적이 있는 대황(가명)이란 사람을 만났다. 그리고 4개월이 지나 그를 해상에게 소개해준다.

"잠실의 큰손, 맹 회장님이세요! 사교계에 이분 모르는 사람이 없어요. 알아두면 손해 볼일은 없을 거예요."

해상에 대한 소개는 더욱더 살이 붙여졌다. 승연은 어느새 자매와 함께 거짓말과 사기에 능숙해져만 갔다.

"2,000억원을 투자해 1조원을 번 자산가예요. 최근에 자금이 묶여 통관자금이 필요한데 사장님께서 도움을 좀 주셨으면 합니다."

해상은 재빨리 덧붙여 이야기했다.

"전당포에 저당된 다이아몬드를 찾아 계약자에게 넘겨주면 30억원을 받을 수가 있어요. 다이아몬드를 찾을 상환금 3억을 빌려주면 담보로 200억원 상당의 다이아몬드 팔찌를 맡기고 이자 10%를 포함해 열흘 내로 갚아 드릴게요."

진중한 눈빛으로 간곡히 부탁하는 해상이었다. 대황으로서는 밑지는 거래는 아니었지만 언뜻 이해가 가지 않는 거래이기도 했다.

'자신이 커다란 손해를 보는 거래를 하려는 까닭이 뭘까? 그만큼의 재력과 자신감이 있다는 의미일까?'

이러한 궁금증은 곧 해상의 집을 드나드는 개미군단을 목격한 순간 사라졌다. 더는 호의에 가까운 이 거래를 마다할 이유가 없었다. 대황은 그렇게 해상과의 거래를 시작한다. 그리고 어김없이 약정된 날 3억3000만원을 변제받자 대황은 해상을 온전히 믿게 된다. 그때를 놓치지 않는 해상이었다.

"세관에 10회에 걸쳐 통관해야 할 물건이 있는데 이게 통관만 되면 180억원의 수익이 생기는 일이에요. 사장님께서 통관비 10억을 빌려주면 15일 후에 20%의 이자를 드릴게요."

흔쾌히 10억원을 건넨 대황. 해상은 15일 후 이자 2억원을 건네며 원금은 나중에 갚겠다고 전했다. 하지만 대황은 전혀 개의치 않았다. 이미 200억원 상당의 담보가 자기 손에 있지 않은가. 얼마가 되었든 의심 없이 믿고 기다린 그였다. 어디 그뿐이랴. 이후에도 그는 해상이 금괴 1,500개를 계약해 놓았다며 20억원을 빌려주면, 금괴를 싼값에 주겠다는 말에 속아 2010년 1월 31일까지 100회에 걸쳐 128억을 대여하거나 투자해주었다. 그중 해상은 그에게 51억원을 지급하고 나머지 77억원을 가로챘다. 계속해서 대담해지는 그녀의 사기는 끝을 모르고 달리고 있었다.

승연의 맹활약도 여기서 그치지 않았다. 2008년 10월, 그녀는 여러 개의 사업체를 가지고 있는 선 회장(가명)에게 해상을 소개했다. 17억원을 빌려주면 1,500억원 상당의 다이아 팔찌를 담보로 제공하고 4개월 후 이자 2억원 지급, 5개월 후에는 원금 17억과 이자 7억을 변제하겠다는 해상. 매우 파격적인 조건임에도 사업에 잔뼈가 굵은 선 회장은 쉽사리 넘어가지 않았다.

'여우 같은 늙은이! 더 강력한 한방이 필요하겠어.'

해상의 아파트에서 이루어지는 실시간 투자 상황을 보여주는 것 외에도 그들 사이에는 은밀한 거래가 하나 더 있었다. 욕심만큼이나 성욕도 남달랐던 선 회장. 상당한 미모의 해상은 사업파트너 그 이상의 존재였다. 더욱이 아직 해상이 미혼이라는 점이 그를 더욱 자극하고 있었다. 그리하여 선 회장은 어떻게든 17억원을 조달해보리라 조용히 마음먹었다.

그러나 아무리 사업가라고 한들 갑자기 현금 17억을 구하기란 쉬운 일이 아니다. 선 회장은 가톨릭의 한 교구에서 재무를 담당하는 곽 신부에게 해상의 사업을 이야기하고 교구의 돈을 융통해 달라 부탁했다. 곽 신부와 선 회장은 아버지와 아들 같은 관계로 누구보다 친밀한 사이였다. 이때부터 곽 신부의 인생이 바뀌는 투자가 시작된다.

2008년 10월 중순, 선 회장의 사무실에서 해상과 곽 신부는 해상이 보여주는 1,500억원대 팔찌를 곽 신부와 해상의 공동명의로 은행 대여금고에 보호 예치하고 2009년 2월까지 이자 2억, 5월까지 원금 17억을 지급하겠다는 '금전소비대차계약서'를 작성한다. 곧바로 곽 신부는 수표 7억을 건네고 상철(해상의 조카)의 계좌로 10억원을 이체했다. 통상적인 사기꾼의 수법대로 해상은 2009년 2월, 첫 이자 2억원을 지급하고 5월까지 3억원을 더 지급한다. 그러나 해상에게는 이미 다른 꿍꿍이가 있었다.

'30대의 젊은 신부가 그렇게 큰돈을 가지고 있을 리 없지.'

지금 자신에게 흘러들어온 돈이 교구의 재산이며, 그 돈은 상환하지 않더라도 큰 문제가 되지 않을 거라는 사실을 해상은 일찌감치 간파했다. 그녀는 처음부터 곽 신부의 돈을 갚을 생각이 없었던 것이다.

선 회장은 또 선회장대로 현금이 생기는 즉시 해상에게 투자를 시작했는데 자매의 입장에서는 그야말로 넝쿨째 굴러들어온 복이었다.

"널 안고 싶어 안달이 난 영감이야. 하지만 그렇다고 허투루 다루면 안 돼! 더 철저하게 신뢰를 쌓아가야 더 큰 것을 취할 수 있어."

해금은 보이는 것 이상을 노리는 여자였다. 그녀의 무섭고 집요한 사기 지시에 따라 해상이 빠르게 움직였다. 그녀들은 선 회장의 투자금에 대해서는 더 확실하게 원금과 이자를 보름 간격으로 정산해주었다.

선 회장은 해상과 가까운 관계로 발전하자 주변의 사업가들에게도 투자를 권유했다. 미국의 사업가 조나단(가명)은 해상에게서 금괴 10개를 시세보다 20% 저렴하게 매입했고, 자신과 친분이 있는 정 사장(가명)과 김 사장(가명)을 소개한다. 때마침 사업아이템을 찾고 있던 그들은 해상의 금 유통사업에 30억원을 투자하고 '금전소비대차계약서'를 작성, 다이아몬드 25캐럿 1개와 14캐럿 1개를 담보로 제공받는다. 그들이 얻은 첫 회 수익금은 6억원, 하지만 그 돈도 재투자 명목으로 다시 송금하며 3개월 만에 13회에 걸

처 64억원을 사기당했다.

특히 김 사장은 자신의 회사 명의로 금거래소를 운영하자는 해상의 동업제안을 승낙하기도 했다. 해상은 금괴 10만 개의 수입금 중 잔금 90억원을 빌려달라며 수입원장 사본과 다이아몬드 25캐럿을 담보로 제공했다. 그리하여 김 사장은 2009년 9월 한 달 동안 8회에 걸쳐 80억5,000만원을 해상의 손에 받쳤다.

선 회장의 결과도 불 보듯 뻔했다. 2009년까지 173억원을 투자하고 5억의 수익금을 배당받은 것을 끝으로 투자금을 전혀 회수하지 못했다. 또한 자기를 믿고 해상에게 투자한 사업가 3명에게는 대신 일부를 변상하고 나머지 일부는 원금과 이자를 나누어 갚아줘야 하는 처지가 되었다. 이 과정에서 선 회장은 자신의 사업체 두 곳을 정리해야 하는 뼈아픈 선택을 해야만 했다.

곽 신부의 상황 역시 비극적이었다. 그는 예정된 날에 원금과 이자가 상환되지 않자 선 회장을 독촉하였는데 오히려 그에게서 10억원을 더 빌려달라는 대답만 돌아왔다. 선 회장에게서는 더 이상 답을 찾을 수 없다고 여긴 신부는 직접 해상을 찾아가 투자금 상환을 요구했다. 하지만 교활한 해상의 화법에 속아 오히려 추가로 4억원을 더 빌려주는 꼴이 됐다. 따라서 2010년 2월까지 17회에 걸쳐 총 52억을 사기당하고, 그 책임으로 곽 신부는 결국 교구에서 퇴출당한다. 사제가 되기까지 힘든 수행의 길을 걸었을 젊은 사제가 한순간 돈의 유혹을 이기지 못하고 나락으로 떨어진 안타까운 사연이었다.

## 드디어 열리는 판도라의 상자

한창 사기의 절정에 이르렀을 때, 해상은 승연의 소개로 재벌가의 며느리와도 접촉한다.

"이분이 맹 회장님. 소문은 들으셨죠?"

어느새 해상은 맹 회장으로 업계에 대단한 사업가로 포장되어 있었다. 그녀는 재벌가의 며느리 주 여사(가명)를 만나는 순간 본능처럼 짙은 돈 냄새를 맡았다.

"교회 신축을 위해 자금을 모으고 있어요. 말년은 그렇게라도 기부하며 살려고 합니다."

나이 예순을 바라보는 주 여사는 교회를 신축하여 기부하려는 목적으로 자금을 모으는 선량한 여자였다. 그 말에 해상은 선뜻 동의하며 나섰다.

"그런 좋은 일은 저도 참여하게 해주셔야죠. 여사님의 뜻이 더 빨리 이루어지도록 제가 적극 도와드리겠습니다."

해상은 간교한 술수로 주 여사의 환심을 샀다. 10%의 수익금 이야기를 들은 주 여사는 1억을 즉시 투자하며 둘 사이는 급격히 가까워진다. 그리고 얼마 후 마녀의 소굴로 초대를 받는데… 아니나 다를까, 주 여사 또한 10캐럿짜리 물방울 다이아몬드를 담보로 10억원을 더 넘기고 만다.

이처럼 자매들의 사기행각은 그 액수를 추정하기 힘들 정도로 어마어마했다. 하지만 벌어들이는 수익금의 크기만큼 빠져나가는 구멍 또한 만만치 않았다. 아파트 월세 2,000만원과 직원급여 1,500만원, 개미군단의 식대, 다과대 등 월평균 5,000만원이 넘는 유지비, 투자금 돌려막기, 금괴와 자신들의 사치품 사 모으기까지 지출은 몇 배로 커져갔다. 그녀들의 성은 아무리 높이 쌓아 올려도 순식간에 무너지는 모래성이었던 것이다. 제대로 된 수입원이 없는 자매에게 결국 한계가 찾아왔다.

2009년 10월의 어느 날. 또 한 명의 투자자 주 이사(가명)의 얼굴에 웃음 빛이 완연하다. 회사의 여유자금 30억을 해상에게 투자해 한창 15%의 수익금을 받고 있던 터였다. 내일이면 원금도 상환되어 더 이상 회사의 눈치 볼 일도 없었다. 남몰래 회사 돈으로 쌈짓돈을 챙겼으니 로또 맞은 인생이 이보다 더 짜릿할까 싶은 그였다.

다음 날 가벼운 마음으로 출근해 바로 은행부터 달려간 주 이사. 몇 번이나 눈을 비비며 통장에 찍힌 돈을 확인하고 또 확인했다.

"어, 왜 이것뿐이야?"

아무리 눈을 비비고 액수를 확인해도 약속한 원금은 통장에 찍혀있지 않았다. 대신 수익금 15%는 어김없이 들어와 있었다. 주 이사는 이유를 알기 위해 서둘러 해상에게 전화를 걸었다.

"주 이사님, 걱정 마세요. 맹 회장님이 홍콩에서 570억 상당의 물건을 들여오기 위해 얼마 전 출국하셨어요. 맹 회장님이 오시면 곧 원금상환 될 겁니다."

주 이사는 안도의 한숨을 내쉬었다. 그리고 며칠 뒤 맹 회장이 도착한다는 날이었다. 그는 또다시 다급하게 전화를 걸었다. 이번에는 진짜 심각했다. 회사에 써야 할 돈이 생겨 원금을 돌려받지 않으면 공금횡령으로 발각될 위험이었다.

"저 진짜 급해요! 이러다 고소당할 처지에 놓였다고요!"

"아, 어쩌죠. 저희 다이아몬드가 품질이 워낙 좋다 보니 일본 천황이 거래를 원하신다고 맹 회장님이 지금 또 일본에 가 계시거든요."

순간 주 이사의 눈앞이 아득해졌다. 발등에 불이 떨어진 마당에 그는 앞뒤 가릴 것이 없었다. 해상에게 담보로 받은 200억대 다이아몬드를 챙겨 감정원으로 달려갔다. 담보물로 회사자금을 융통해야겠다는 생각에서였다.

"이 감정서를 받으셨다고요? 죄송하지만 저희는 25캐럿 다이아몬드를 감정한 사실이 없습니다."

주 이사가 건넨 다이아몬드 감정서를 살피던 감정사의 미간이 찌푸려졌다. 그리고는 마지막 화살 사위를 당기듯 서슬 퍼런 말을 던졌다.

"감정서는 위조된 것이네요."

이게 무슨 청천벽력 같은 소리인가. 주 이사의 다리가 풀려 털썩 주저앉고 말았다.

'내 돈 아니, 회사 돈… 난 이제 죽었다.'

한동안 넋이 나간 주 이사는 어찌할 바를 몰랐다. 그러다 문득 자리를 털고 일어나 그 길로 경찰서에 고소장을 접수했다. 이로써 자매들의 사기행각의 실체가 서서히 수면 위로 드러나기 시작한다.

## 누구도 구제할 수 없는 욕심의 대가

맹 회장(해상)에 대한 고소사건을 배당받은 경제3팀은 곧바로 수사에 착수했다. 고소인 조사 후 맹 회장을 상대로 계속 출석요구를 했지만 맹 회장은 갖은 핑계를 대며 조사에 응하지 않았다. 수사팀은 하는 수 없이 맹 회장을 긴급체포하고 그동안 금 선물시장 사업이나 다이아몬드 사업, 명품사업 등에 관한 사기행위를 밝혀 구속영장을 신청했다.

재미있는 사실은 그다음부터였다. 해상이 구속되었다는 소식을 듣고 전전긍긍한 쪽은 거액을 투자한 투자자들이었다. 그들이 해상에게 투자한 금액만도 적게는 50~60억, 크게는 100억이 넘기 때문에 그녀가 구속되면 그 돈을 회수할 방법이 전혀 없었다. 그러다 보니 자신들도 덩달아 파산위기에 내몰린 처지였다.

"해상을 구명해야 우리도 삽니다!"

"맞아요. 마음 같아서는 당장 감방에 처넣고 싶지만 돈을 찾아야 하니…"

얼마의 투자금이라도 회수하고 싶은 절박함이 해상의 구속을 막아서고 있었다.

그날 이후 선 회장을 비롯한 거액의 피해자들은 '피해회복을 위한 채권단'을 만들어 그들 스스로 진상조사를 시작했다. 그 과정에서 그들은 또 한 번 어처구니없는 상황에 맞닥뜨리게 된다.

"뭐? 가짜요?"

"헐값도 이런 헐값이 없네!"

여태껏 자신들이 해상에게서 담보로 받았던 다이아몬드 목걸이와 팔찌 등이 모두 큐빅이나 공업용 다이아몬드였던 것이다. 이뿐만 아니라 해상이 동일한 수법으로 징역을 살다 나온 전과자였다는 사실도 그들을 경악하게 했다. 해상의 민낯이 파헤쳐질 때마다 그들의 후회와 절망감은 더해만 갔다.

이와 반대로 범죄자인 해상의 태도는 이상하리만치 태연스러웠다. 진짜 자신의 사업이 실체가 있는 것마냥 "창고에 금을 가지러 들어가 있다", "일본과 미팅이 있다", "대한민국 최고의 보석 사업가들이 지금 보석 쇼를 하고 있다"는 등의 거짓말을 평소와 다름없이 하고 있었다. 마치 당장에라도 투자자들에게 돈을 줄 수 있다는 듯 매력적인 미소를 띠면서.

상황을 제대로 인지하지 못하고 비정상적인 모습을 보이는 그녀를 보자 거액의 투자자들은 투자금 상환의 길이 요원해졌다는 것을 깨닫는다. 개미군단들 역시 분위기가 심상찮음을 느끼면서 하나둘 경찰서를 찾아 고소장을 제출하기 시작했다.


우리 경제3팀에도 고소장이 접수되어 마침내 자매사기단에 대한 수사를 진행했다. 그 시각, 해상의 조사를 가만히 지켜보던 한 사내가 팀장에게 다가와 참담한 얼굴로 상담을 신청했다.

"제가 투자한 돈을 돌려받을 수 있을까요?"

수억대의 피해자 중 한 명이었다.

"현재로써는 모든 혐의를 부인하고 있어서 합의가 불가능할 것 같습니다."

팀장의 말에 사내의 얼굴이 침통하게 일그러졌다.

"제 평생을 바쳐 일군 회사입니다. 그 돈을 회수하지 못하면 회사는 넘어가고 맙니다."

희끗희끗한 머리칼로 뒤덮인 사내의 눈에서 물기가 고였다.

"고소하게 되면 진짜로 돈 한 푼도 받지 못하는데…."

이내 눈물을 떨어뜨리며 흐느끼는 사내의 호소가 수사팀의 마음을 착잡하게 만들었다.

"고소장을 접수하는 게 부담스러우시면 고소장 없이 직접 인지 수사를 하는 방법도 있습니다."

팀장의 말에 사내는 흥분된 어조로 방법을 물었다.

"자매가 사기행각을 했다고 인정할 만한 증거자료를 가져오시면 됩니다."

"그럼 팀장님이 직접 수사를 해주세요. 제가 가지고 있는 자료를 모두 드리겠습니다."

다음 날 사내가 가져온 것은 해상에게 건네준 수표사본과 돈을 입금한 계좌번호, 전화번호, 그리고 담보물로 받은 다이아몬드 등 이었다. 내사에 착수한 수사팀은 우선 피해자들이 해상에게 건네 준 수표사본 100매(68억), 상철 명의 계좌 2개, 태상(공범) 명의 계좌 1개에 대한 압수수색영장을 신청하고, 이들의 전화번호에 대한 통신허가를 신청했다. 우리는 정선의 명의로 개통한 해상의 전화에 93개의 상대 번호를 추출하고, 이 중에서 피해자들이 지명하는 14명을 공범으로 추정했다. 해금의 아들 상철이 특정인 6명과 지속적으로 잦은 통화를 한 점으로 미루어보아 자매와 상철이 공범관계임을 적시하는 정황증거 또한 갖게 되었다.

그리고 피해자들이 해상에게 돈을 입금했다는 계좌의 거래내역을 분석한 결과 총 376억 3,000만원이 입금되었고, 여기에서 115억이 지급되고 나머지 261억 3,000만원을 편취한 것으로 1차 확인된다. 2차 확인결과로는 수표세탁 과정에서 드러난 계좌내역을 분석하여 총 146억원이 입금되고 39억이 지급되어 106억을 편취한 것으로 나타났다. 이렇게 발견된 9개 계좌의 거래내역을 종합해보면 피해자로 추정되는 146명의 총 입금액은 530억1,200만원, 그중 149억8,000만원이 지급되고 나머지 380억3,000만원을 편취한 것으로 드러났다. 이들은 수표로 받은 대금을 작은 금고장이라 불렀던 박 사장에게 금괴 매입대금으로 지급하거나 종로 나까마들에게 중고 다이아몬드를 구입하는 데 사용하는 방법으로 세탁했다.

우리는 해상과 해금, 상철 등 공범 9명을 특정하고 이들의 체포에 나서기로 했다. 2010년 4월 27일, 우선 자매와 조카 상철에 대한 체포영장과 그들이 거주하고 있던 아파트에 대해 압수수색영장을 신청했다. 하지만 뜻하지 않는 난관에 봉착했다. 그동안 사건을 지휘해오던 검사가 영장신청을 기각해버린 것이다.

"이 사건은 용의자 해상이 거주하는 관찰경찰서로 이송하는 게 나을 것 같네요."

3개월 동안 밤낮없이 수사한 것이 물거품이 되는 순간이었다. 체포 직전 검사가 마음을 바꾼 이유야 알 수 없는 노릇이지만 우리로서는 여간 당황스러운 일이 아닐 수 없었다.

"아따, 막판에 손 놓으라 카면 우짜라고…?"

수사팀 내에 불평이 나오는 것이 당연했다. 그간의 수고로움은 둘째 치더라도 2,000쪽이 넘는 기록을 새로 배당받는 수사관이 계속 진행하는 일이 쉽지 않을 터였다. 그러다가는 자매사기단의 검거가 흐지부지될 위험이 컸다. 우리가 사건을 주도하기 위해서는 어떡하든 뾰족한 수를 찾아야만 했다.

"검찰청 외사부에 공조수사 요청해."

당시 검찰청 외사부는 우리와 동일한 사건을 수사하던 중이었다. 검찰청 외사부와 공조수사를 하는 것이 우리 손으로 수사를 마무리할 수 있는 최선의 방법이었다. 그리하여 우리 수사팀은 5월 31일 해상의 아파트에 진입, 해상을 체포하게 된다. 이를 알고 도주한 해금과 나머지 공범들에 대해서는 추적수사를 실시했다.

2010년 6월, 해금과 상철의 전화를 위치추적하여 그들이 상철의 아버지인 광수(가명)의 명의로 전입한 세대에 은신하고 있다는 사실을 알아낸다. 수사팀은 그의 집에서 해금과 상철을 검거하고 이들에 대한 범죄사실을 조사했다. 자매와 상철은 피해자들에게 돈을 받은 사실은 인정하지만 사기혐의에 대해서는 전면 부인했다.

"아니, 우리가 미국에서 연방 금선물시장을 크게 한다고 말한 증거가 있어요? 뭐, 카자흐스탄 유전을 매입했다거나 일본 황실과 다이아몬드를 거래했다고 말한 것이 있다면 영수증을 내놓으세요! 영수증 있으면 인정할게요."

욕망의 막다른 길에 다다른 그녀들은 억지를 부리기 시작했다. 증거불충분이라며 한껏 소리를 친 그녀는 수사팀에게 희대의 명언을 남겨주었다.

"영수증이 없는 말은 묻지도 말아요!"

그뿐만 아니라 다이아몬드 감정서를 위조―집사에게 컬러 복사하는 수법으로 위조함―한 사실도 없고 실체를 알 수 없는 '허무인의 이름을 거명하며 책임을 전가했다. 또한 모두 그 허무인에게 속아 넘어가 자신도 피해자라는 허무맹랑한 주장을 했다. 수사팀의 물음에는 일체 부인했으며 특히, 해상이 사들였다는 금괴 565개에 대해서는 유독 입을 닫았다. 모든 범죄자가 그러하듯 그녀들 역시 불리한 일에는 부정하고 숨겨야 하는 사실에는 묵비권을 행세했다. 그들의 모순되고 비겁한 얼굴을 보며 수사팀은 착잡함을 감추지 못했다.

우리는 금고를 찾아 조금이나마 피해자들을 구제하려 노력했다. 하지만 해상의 아파트나 광수의 집 어디에서도 금괴의 행방은 찾을 수가 없었다. 자매사기단의 무겁게 닫힌 입 사이로 그 많은 금괴가 감쪽같이 사라져버린 것이다. 그것이 진짜 존재하는지도 미지수인 채 끝내 수사는 마무리되었다.

재판 결과 해상은 징역 10년을, 해금은 징역 4년, 상철은 징역 2년에 집행유예 4년을 선고받았다. 다른 공범들은 벌금형 또는 기소유예처분을 받았고 일부는 피해액이 많아 피해자로 분류되어 불기소 처분되었다.

이번 사건의 피해액이 커진 이유는 과도한 욕심 때문이다. 피해자들이 단기적인 수익금에 눈이 멀어 더 큰돈을 얻기 위해 투자금을 쏟아부은 것이 화근이었다. 그러나 무엇보다 가장 큰 사기피해의 이유는, 노력하지 않고 쉽게 돈을 벌려는 물욕이라고 생각한다. 이는 가해자가 벌을 받는 정의보다 노력에 대한 정당한 대가의 가치를 알려준 사건이 아니었나 싶다. 공정한 대가를 위배한 결과가 어떤 사건을 초래하는지 다시금 상기해볼 일이다.

노력하지 않고 얻은 대가에 대해서는 한 번 더 의심을 해본다면 그동안 열심히 일해 모은 것을 한순간에 잃는 일은 없지 않을까. 또 하나 기억해야 한다. 만약 가해자인 사기꾼이 처벌을 받는다 하더라도 내가 잃은 피해액은 절대 돌아오지 않는다는 사실을.

# 큐빅을 '다이아'로 속여… 800억대 자매 사기단

**100여명 등쳐… 10명 검거**

2000원짜리 큐빅을 200억 원 상당의 다이아몬드라고 속여 사기행각을 벌이며 868억 원 상당을 가로챈 사기단이 경찰에 붙잡혔다. 가짜 다이아몬드에 속은 피해자만 100명이 넘는 것으로 알려졌다.

서울 수서경찰서는 24일 가짜 다이아몬드를 담보로 주는 방식으로 수백억 원을 챙겨 온 이모 씨(58·여)에 대해 사기 혐의로 구속영장을 신청했다고 밝혔다. 이 씨의 조카 권모

씨(32)를 포함한 일당 8명은 불구속 입건됐다. 동생 이모 씨(54·여)는 앞선 2일 구속됐다.

경찰에 따르면 이 씨 자매는 2006년 9월부터 올해 1월까지 조모 씨(56)를 비롯한 피해자들에게 접근해 "금 선물거래에 투자하면 보름 단위로 투자금의 15%를 수익금으로 주겠다"고 속여 300억 원을 투자받는 등 100여 명으로부터 868억 원을 챙긴 혐의를 받고 있다.

경찰 조사 결과 동생 이 씨는 투자에 대한 담보로 피해자들에게 큐빅

으로 된 가짜 다이아몬드를 내 주며 자신이 미국 보석감정연구소(GIA) 감정사 자격증이 있는 것처럼 속여 피해자들을 안심시킨 것으로 드러났다. 감별 기계를 조작해 진품으로 속였고 다이아몬드는 포장해 모 은행 대여금고에 보관하게 한 것으로 알려졌다.

경찰은 "이들이 868억 원 중 약 800억 원을 1kg짜리 금괴 565개(320억 원 상당)와 금 거북이 등의 금붙이 1000여 개를 사는 데 썼다"고 밝혔다. 장관석 기자 jks@donga.com

# 수사 뒷이야기

: 미리 언론을 통해 해상의 실체가 드러남에 따라 금고 안에 있어야 할 금괴가 어디론가 사라져 피해를 회복시킬 수 없다는 사실에 수사팀은 실망과 함께 허탈감을 맛보았다.

: 압수수색영장 집행으로 수사팀이 처음으로 해상의 아파트 내부를 수색하던 중 해상의 욕실을 비롯해 집안의 호화스러움이 영화에서 본 듯한 풍경이었다. 사람의 마음이 이런 허황된 것들을 보고 현혹됐다고 생각하니 안타까움이 밀려왔다.

: 사건을 무마해주겠다는 브로커가 해상으로부터 여섯 차례에 걸쳐 8,000만 원을 받은 사실이 뒤늦게 발각되었다. 브로커는 수사팀에 접근하였으나 뇌물이 먹히지 않자 해상이 수감된 구치소에 사람을 보내어 뇌물이 아닌 금전거래관계로 말을 맞추고 수사망을 빠져나간 것이 아쉬움으로 남는 일이다.

: 해상이 수사팀장에게 집중조사를 받으면서도 그렇게까지 태연하고 당당했던 이유가 브로커를 이용해 수사종료가 될 것이라 생각했기 때문이었다. 더군다나 해상의 구치소 면회기록을 확인한 결과 재판에서 수사팀장을 뇌물수수로 엮으려 했다는 사실이 밝혀지는 해프닝도 있었다.

: 이 사건이 언론에 보도되면서 사라진 금괴에 대한 호기심으로 금괴를 찾아주겠다는 발굴전문가들의 전화가 여러 번 걸려왔다. 잡고 잡아도 재생산되는 사기꾼들에 대한 검거 의지가 새롭게 불타오르는 계기가 되었다.

## 사기범죄에 대처하는 지침서 되길…

처음 경찰이 되었을 무렵 가졌던 꿈을 저는 아직도 가슴속에 품고 있습니다. 이 땅의 사회정의를 위해 한 몫을 다하겠다는 의협심 넘치던 그때의 열정을 그대로 간직하고 산다는 것은 결코 쉬운일이 아니었지만, 저에게 수사경찰의 자리는 그만큼 의미 있고 보람된 일이었습니다. 아마도 깊은 애착이 있었기에 긴 시간 동안 지치지 않고 달려올 수 있었을 것입니다.

그런데 요즘 참 안타까운 일들을 많이 접하게 됩니다. 자고 일어나면 새로운 기법의 신종사기들이 밝혀지고, 수사관의 뒤통수를 치는 기발한 수법의 사기들도 변종 바이러스처럼 퍼지고 있습니다. 이런 범죄는 빈부(貧富)나 남녀노소를 가리지 않을 뿐만 아니라 최근 들어서는 전국에서 동시다발적으로 발생하고 있어 그들을 수사해 보면 놀라울 정도로 지능화되고 있다는 것을 느낄수 있습니다. 사기꾼을 지능 범죄로 지칭하는 이유도 범행을 위한 수법(다른 사람을 속이는 방법)이 해마다 업그레이드(UP-grade)되고 있기 때문입니다.

　여러분 중에서도 이런 범죄의 피해자로 수사기관을 찾은 분, 가해자가 누구인지 알 수 없어 수사기관의 문턱에도 가보지 못한 분, 수사기관에서 문전박대(門前薄待)를 당하신 분 등이 계실 것입니다. 이렇게 해결된 사건보다 해결할 사건들이 더 많아지고, 피해자가 늘어가는 것을 마주하면 안타까운 마음은 배가 됩니다. 이것이 제가 이 책을 쓰게 된 이유이기도 합니다. 제가 그동안 수사를 하면서 느껴왔던 것들을 여러분과 함께 나누고 싶었습니다.

　저의 20년간의 수사 경험에 의하면 남을 속여 재물이나 이득을 취한 사람(사기꾼)은 모두 두 종류로 나눌 수 있습니다.

　첫 번째는 친분을 이용한 피해자의 지인인 경우입니다. 두 번째는 정보통신망(인터넷·스마트폰·SNS 등)과 대포물건(타인 명의 범행도구)을 이용한 무연고(無緣故)자인 경우인데, 특히 이 경우는 불특정 다수를 상대로 범행을 하고 있어 피해자와 일면식도 없는 경우가 대부분입니다. 수사기관도 이러한 범죄의 진화에 대처하기 위해 과학적 수사기법을 개발하여 수사관들에게 배포하거나 교육기관을 통해 연수를 시키는 등 국민의 안전과 안정된 경제생활의 보장을 위하여 피나는 노력을 하고 있지만, 범죄가 없어지거나 줄지 않고 있는 것이 현실입니다.

범죄 사회학자들의 연구에서도 밝혀졌듯이 접근 행태나 관점에 차이는 있으나 어떤 형태이든 범죄는 항상 존재하고, 또 그것이 바로 경찰이 존재하는 이유이기도 합니다. 그런데 범죄에 대응하고 척결하여 평온을 유지하는 것이 수사기관의 의무이긴 하지만 과거와는 다른 시대를 살고 있는 요즘 일부 수사관들이 시대의 흐름에 따라 그 책무에 소홀하지 않을까 하는 약간의 우려도 있는 것이 사실입니다.

제가 경찰이 되었던 그 시기의 경찰은 가족을 돌볼 틈도 없이 밤낮을 가리지 않고 수사에만 매진해왔던 때였습니다. 저 또한 대한민국의 경찰이 된 후 35년여 동안 국민의 생명·신체와 재산보호 및 그 밖에 공공의 안녕과 질서유지라는 업무의 특수성을 이유로 늘 가족보다 수사가 먼저였습니다. 그것은 보상이 있어서가 아니라 사명감 때문이었습니다. 휴무가 보장되고, 근무시간 외 업무수당을 지급한 것이 불과 10년이 조금 넘은 일이지만 늦게라도 경찰의 인권이 향상된 일을 다행으로 생각하고 있습니다. 저도 경찰이기 이전에 한 인간으로서 다른 사람들과 동등한 삶을 누릴 수 있는 권리와 일한 만큼의 정당한 대우를 보장받아야 한다는 것에 동의하기 때문입니다.

하지만 경찰은 일반 행정직 공무원과 다르게 국민의 생명·신체와 재산보호 및 그 밖에 공공의 안녕과 질서유지라는 특수한 의무나 임무가 있기 때문에 그에 대한 정체성을 잊지 않아야 한다고 당부드리고 싶습니다.

이 책을 통해 전하고자 하는 것이 있다면 먼저 동료 수사관과 경찰 입문을 앞둔 예비 수사관들이 이 책을 읽고 국민의 안전을 위한 수사 의지에 동기부여가 되어 열정적인 수사를 하는 데 도움이 되었으면 하는 바람입니다. 또한 이 책을 읽는 여러분께도 과한 욕심에 대한 경각심을 가져달라고 말씀드리고 싶습니다. 지능범에 있어서 범죄자 또는 피해자가 되는 것은 종이 한 장 차이라고 합니다. 그 이유는 과욕(過慾)과 탐욕(貪慾)의 경계선에 서 있는 인간의 심리상태를 근본으로 한다고 볼 수 있기 때문입니다. 과욕에 대한 경각심을 가지게 된다면 최소한 지능범의 범죄자나 피해자가 되는 일은 피할 수 있을 것입니다.

마지막으로 이 책은 수사반장의 꿈을 키웠던 소년이 수사팀장이 되어 수사했던 사건들을 지루하지 않도록 스릴을 극대화해 스토리 형식으로 재구성한 실화(實話)로, 그동안 수사했던 사건 중에서 일반인들에게 경각심을 불러일으킬 만한 범죄들을 모아놓은 것입니다. 이 책은 사기범죄의 전형적인 수법을 인지하는 데 도움을 주려는 목적인 만큼, 독자들에게 지능적 사기범죄에 어떻게 대처해야 할지 진지하게 판단할 수 있는 유익한 지침서가 되었으면 좋겠습니다.

2017년 여름

김성수

## 수사현장의 생생함과 긴장감이 그대로

팀장님! 팀장님 원고를 너무 재미있게 읽었는데 그냥 구두로 '재미있었다'고만 이야기하기에는 많이 아쉬워서 짤막하게나마 후기 남기고자 합니다!

팀장님께서 지난 시간 동안 하셨던 여러 가지 사건들의 수사 과정들을 보면서 저희 '대포폰·카드깡 사건' 때와 유사한 수사기법들이 보여서 굉장히 반갑고 재미있었어요. 유한법인 등기신청을 하는 피(혐)의자들을 기다렸다가 체포하는 내용이라던가, 피의자가 범죄에 사용한 계좌들을 하나로 취합하여 돈의 흐름을 파악하는 기법이라던가 등등! 팀장님이 큰 사건을 하실 때 가신다고 말씀해주신 점집이 언급됐을 땐 무언가 반가운 기분도 들었답니다!

내용 중에 잠복수사를 하다가 차량 추격전을 하는 장면은 너무 영화 같아서 신기했어요. 부장검사 출신 변호사가 범죄자의 변호를 맡게 되는 그 모순적인 상황에서 나중에 변호사가 선임료를 돌려주고 범죄자가 구속형 받는 내용은 통쾌함을 느꼈고, 체포당해 이동하는 과정에서 자기를 놓아주면 현금 2,000만원을 주겠다고 말하던 범죄자 이야기도 웃기면서도 이게 진짜 있던 사실이란 것에 황당함도 느껴졌고요.

특히 다이아몬드 밀수건 같은 경우 팀장님이 요약내용도 보여주시고 구두로도 말씀해주셨는데, 이걸 생생하게 책으로 보니까 더 재미있던 것 같아요. 그런데 그 와중에 세관 과장이 사건을 날로 먹으려고 했다는 내용에서 진짜 탄식했어요. 미국 노부부를 대상으로 한 사기에서는 읽으면서 몰입돼서 제가 막 화가 났었고, 마지막 자매사기단은 범죄 규모도 인맥도 너무 어마어마해서 읽으면서 '이게 가능한가?'를 몇 번이나 생각했는지 몰라요. 게다가 팀장님을 뇌물수수로 엮을 생각까지 했었다니…! 그런데 정말 신기했던 건, 책 전반에서 나오는 이 어마무시한 사건들도 사건들이지만 이를 추적해서 검거하셨단 거예요. 작은 사건에서 시작해서 정말 고구마 줄기처럼 주렁주렁 사건이 이어져 나중엔 범죄조직까지도 소탕하시는 과정이 너무 드라마 같았고, 팀원 전체가 집중적으로 한 사건을 했다는 게 너무 재미있고 힘이 났을 거 같아요!

아, 그리고 책에서 팀장님 말씀하시는 대사 부분이 딱 팀장님 특유의 말투로 쓰여 있어서 팀장님 목소리가 저절로 재생돼요! 팀장님을 아는 사람들이 읽으면 다들 공감하실 것 같아요! (책 중 "차상덕! 순순히 문을 열지 않으면 부수고 간다. 아내랑 애 앞에서 못난 꼴 보이지 마~" 라는 대사에서 제 귀에 갑자기 팀장님 목소리가 들려서 읽으면서 막 웃었어요. ㅋㅋㅋ)

책 정말 재미있게 읽었습니다! 2권도 기대하겠습니다! ^^

– 송파서 외사계 예지나

# 돈을 쫓는 사람 그를 쫓는 경찰

**펴낸날** 2017년 10월 10일
**2쇄 펴낸날** 2019년 2월 26일

**지은이** 김성수
**펴낸이** 주계수 | **편집책임** 윤정현 | **꾸민이** 윤정현

**펴낸곳** 밥북 | **출판등록** 제 2014-000085 호
**주소** 서울시 마포구 월드컵북로 1길 30 동보빌딩 301호
**전화** 02-6925-0370 | **팩스** 02-6925-0380
**홈페이지** www.bobbook.co.kr | **이메일** bobbook@hanmail.net

※ 이 도서의 국립중앙도서관 출판시도서목록(CIP)은 e-CIP 홈페이지(http://www.nl.go. kr/cip)에서 이용하실 수 있습니다. (CIP2017025321)